AF494706

LE MARQUIS DE T***,

OU

L'ÉCOLE

DE LA

JEUNESSE.

Moribus. . . conciliandus amor.
Epître 5 d'Ovide.

Seconde Partie.

À LONDRES.

M. DCC. LXXI.

LE MARQUIS DE T***, OU L'ECOLE DE LA JEUNESSE.

III.me LIVRE.

L'AMOUR HONNÈTE.

RENTRÉ dans ſon appartement, le Marquis s'occupait d'Hélène malgré lui. Il lui ſemblait à tout moment, qu'il voyait encore ſa belle couſine, avec cet air touchant, cette démarche noble, aiſée, ces appas ſéduiſans qui l'avaient tant ému. Il oubliait la Teneveht & la jeune Adrienne; mais il comparait Hélène avec Juliette, par une ſuite d'idées toute naturelle, comme ſans le vouloir: & le réſultat était toujours à l'avantage de m.lle de T***. Il n'approfondit pas davantage les mouvemens de ſon cœur, qu'il ſentit comme déchargé d'un poids énorme. Il recouvra, mais ſeulement en apparence, cette heureuſe tranquillité dont il jouissait autrefois. Sa conduite devint une énigme pour tout le monde & pour lui-même. Il changea tout-à-coup. Plus de dissipations, plus de parties : il quitta tous ces amis de plaisir qu'unit le vice & la débauche, & que souvent le plus léger intérêt sépare ; amis tièdes tant qu'on les voit ; ennemis irreconciliables dès qu'on leur a déplu (*). Un attrait invincible, dont la cause lui fut quelque temps voîlée, le retenait à la maison paternelle, & la lui rendait chère.

Après tant d'égaremens, le voila donc enfin à lui-même ; il se rappelle dans le calme de la solitude les sages avis de son père : l'amour les fesait germer, ces instructions salutaires ; c'était une rosée douce, qui venait féconder une terre aride & brûlée. Le Marquis sentit (un peu tard, il est vrai) que la société des gens déréglés rend inutile pendant longtemps, & quelquefois pour toujours, la meilleure éducation. Il se renferma chez lui ; refusa, de lui-même, toutes les visites dangereuses ; mais il n'affecta pas, comme lorsqu'il était encore rempli de sa passion pour madame de J··, de fuir également tout le monde.

(*) Ils ne font jamais de bien, mais ils peuvent causer beaucoup de mal : il n'est qu'un moyen de se garantir tout-d'un-coup de leurs atteintes ; c'est de leur montrer qu'on ne les craint pas, en-même-temps qu'on redouble d'exactitude, pour ne leur donner aucune prise sur soi. Ce fut le parti que monsieur de T··· eut la sagesse de prendre.

Il prit la généreuse résolution de n'avoir pour amis, que l'honnête société que recevait son père, & de rendre des soins à une mère tendre, qu'il avait toujours aimée, mais dont la présence était un reproche, dont les bontés, qu'il ne méritait pas, l'avaient jusqu'alors plutôt accablé que touché. Depuis son avanture avec madame de J**, il n'avait encore paru que deux fois à la table de ses parens; il forme, pour l'avenir, la résolution de ne se priver jamais volontairement de leur vue.

La Comtesse de T***, avant de s'abandonner à la joie que lui causait le changement de son fils, prit des mesures avec son mari, pour en pénétrer le motif. Durant quelques temps, une conduite sage, la pratique de toutes les vertus de son père, sa docilité à suivre les conseils que le vertueux Comte lui donnait, une attention obligeante à prévenir les moindres desirs de ses parens, les convainquirent qu'ils pouvaient enfin se féliciter de la route qu'ils avaient prise. Mais rien ne confirmait la conjecture d'Henriette, au sujet de l'impression que la vue d'Hélène avait faite sur le Marquis. On remarquait au contraire qu'il était toujours fort serieux devant elle. La fille du Chevalier chantait comme *Fel* ou come *Arnoult*, dansait avec grâce, excélait dans mille talens utiles ou agréables; on lui prodiguait souvent les éloges les plus flateurs; le Marquis était toujours le dernier à l'applaudir, & ne le fesait qu'en rougissant. Mais pourtant, cette assiduité, les occupations férieufes qui rempliffaient tout fon temps; fes regards que l'on furprenait quelquefois attachés fur Hélène, comme à la dérobée; une fatisfaction qu'il s'efforçait de cacher, mais qui perçait à travers fon air d'indifférence, lorfqu'elle lui demandait quelques-uns de ces petits fervices, que des perfonnes qui vivent enfemble ont occafion de fe rendre; fa manière de lui parler timide & refpectueufe: quel était le principe de tout cela? Le Comte & fon époufe fe difaient quelquefois: C'eft l'amour. Puis fe rappelant combien les goûts du Marquis étaient vifs, décidés; & comparant la tranquillité dont il paraiffait jouir, à ces tranfports, à ces fureurs qui accompagnèrent fa paffion pour Juliette, ils ne voyaient plus que doutes & qu'incertitudes. C'était pourtant là le plus cher de leurs defirs. Les vertus d'Hélène; les dernières volontés du Chevalier de T··· fon père, la tendreffe qu'eux mêmes reffentaient pour cette aimable fille; le bonheur de leur fils qu'ils étaient bien fûrs qu'elle ferait; la convenance de leurs fortunes, le patrimoine du Comte & du Chevalier de T··· n'ayant jamais été féparés; toutes les poffeffions des maifons de V·· & de T··· qui par-là fe trouveraient réunies: voila quels étaient les motifs qui leur fefaient defirer d'unir leurs enfans. Ces parens vertueux avaient le bonheur de ne pas favoir par expérience, que la même paffion ne fuit pas toujours la même marche: l'amour eſt un Prothée; à tout moment il change de forme: Une paſſion réprouvée par le devoir, qui longtemps lui ſervit de guide, s'échappe avec fracas, & laiſſe des ſuites funeſtes des ravages qu'elle a cauſés: c'eſt un torrent qui couvre de ſable & de pierres les champs qu'il dévaſte: Aulieu qu'un amour honnête eſt modeſte & timide; il reſſemble au ruiſſeau qui coule paiſiblement entre deux rives qu'embelliſſent la verdure & les fleurs.

Deux mois s'écoulèrent, ſans que les diſpoſitions du Marquis fuſſent plus connues. Dans la ſingulière poſition où ſe trouvaient le Comte & la Comteſſe, ils ne crurent pas qu'il fût convenable de preſſentir trop ouvertement leur fils: Hélène dépendait d'eux; ils pouvaient l'accorder, mais ils ne devaient pas l'offrir. Tandis qu'ils étaient dans une incertitude dont ils deſiraient vivement de ſortir, un inconnu remit au portier une Lettre pour Hélène, & diſparut ſur le champ. Mademoiſelle de T··· pria ſa tante de l'ouvrir elle-même: l'écriture n'était d'aucune des perſonnes de leur connaiſſance: voici ce qu'elle contenait:

JEUNE Beauté, qui parée des premières roſes du printemps, fixez autour de vous les Ris, les Grâces & les Amours, touchante Hélène, puiſſe l'heureuſe tranquillité dont vous ſemblez jouir durer longtemps encore!

Vos séduiſans attraits, qu'à-peine vous connaiſſez, troublent déja tous les cœurs : vous rendez modeſte le petit-maître le plus décidé ; ce Narciſſe qui ne trouvait rien de ſi beau que lui-même, vous regarde & ſoupire ; le jeune-homme délicat, honnête & ſenſible deſire de vous devoir ſon bonheur en feſant le vôtre : belle Hélène, mille amans vont briguer l'honneur de vous plaire ; puiſſiez-vous, ſagement guidée, préférer le plus vertueux au plus aimable, & les qualités aux talens !

Dans ce monde où vous entrez ; où vous allez être admirée, accueillie, fêtée, une Belle rencontre autant de piéges qu'elle fait de pas. Je ſais que vos eſtimables parens, & la bonté de votre cœur peuvent vous les faire éviter : mais on ne ſaurait trop le redire : Parmi ces hommes qui vous approcheront, il n'en eſt aucun qui ne préfére dans une jeune-perſonne la ſageſſe & l'aimable retenue à l'éclat trompeur de la beauté ; & cependant, il n'en eſt aucun qui ne cherche à lui ravir l'ineſtimable tréſor de l'innocence. Tels ſont les hommes, ces êtres indéfiniſſables qui s'élèvent audeſſus de votre ſexe, de ce ſexe enchanteur, plus raiſonnable & plus ſenſé qu'ils ne peuvent l'être. Les vertus des femmes n'appartiennent qu'à elles ; leurs défauts ſont l'ouvrage de ces hommes pervers. Ils vont bientôt vous fatiguer de leurs ſoins perfides ; vous rendre un hommage intéreſſé ; louer vos appas ; exalter vos talens ; élever autour de vous le nuage de l'adulation, en vantant votre goût, votre esprit encore plus que vos attraits : mais votre aimable candeur, ce charme inexprimable qu'ils adorent eux-mêmes, malgré leur corruption, ils voudront le détruire, parcequ'il vous met trop audessus d'eux : Fille charmante, évitez ces méprisables séducteurs ; craignez tous les hommes : en les observant tous comme des ennemis, c'est le moyen de distinguer l'amant fidèle, que son bonheur destine à vous faire connaître l'amour & ses douceurs.

Celui que vous devrez-aimer ne sera point, comme les autres jeunes-gens qui vous environnent, plus épris de vos attraits que de votre vertu : c'est d'un air modeste & timide qu'il vous abordera ; ses yeux, fixés sur vous à la dérobée, vous diront qu'ils vous aime, sans qu'il ôse les y tenir assez longtemps pour vous obliger à baisser les vôtres. Vous lui serez plus chère que sa vie ; mais sa conduite vous le prouvera, plutôt que d'indécentes caresses Uniquement occupé de vous, dans les cercles, dans les assemblées, c'est vous-seule qu'il trouvera belle. Il ne rampera point devant vous ; & jusque dans sa soumission à vos moindres volontés, il conservera la dignité d'homme. Un jour viendra que vous pénétrerez son secret : que vos regards daignent alors lui dire, qu'il peut vous entretenir de sa tendresse sans vous déplaire : Ah! qu'il sera persuasif, s'il peut exprimer tout ce qu'il ressent! .. Il vous sera facile de connaî-

tre qu'il ne feint pas : la vérité se peindra dans tous ses traits ; & si vos yeux exprimaient l'indifférence ou la sévérité, le sentiment de votre rigueur retentirait jusqu'à son âme, dont le desespoir, l'horrible desespoir viendrait s'emparer. Mais si votre jolie bouche laisse éclôre un léger sourire, ses yeux brilleront des feux de l'amour, & la félicité même animera tous ses traits en les embellissant. Lorsque vous vous connaîtrez, & qu'une douce sympathie unira vos cœurs, il vous consultera sur ses défauts, & jamais vos avis ne seront stériles: il se permettra quelquefois de vous avertir des vôtres : l'amant qui vous adore, vous donnerait dans cette occasion mille moyens de ne pas le confondre avec ses rivaux, si vous hésitiez encore : Celui qui mêlerait de l'aigreur à ses avis, ne vous aime pas assez : celui qui dissimulerait vos torts, louerait vos caprices, est un lâche, indigne d'être à vous : mais le jeune-homme qui plusieurs fois revient adraitement à la charge ; & qui, sensible à votre seul intérêt, aime mieux s'exposer à se faire bouder un peu, que de renoncer à la satisfaction de vous voir parfaite, sera celui qui vous aime comme vous méritez de l'être. Il n'examinera pas avec inquiétude toutes vos démarches ; il n'y sera pas non-plus indifférent ; mais il ne témoignera jamais de soupçons injurieux. Vous ne le verrez pas outrer le respect ; il vous montrera dabord cette estime qu'il doit toujours conserver pour la mère de ses enfans.

Divine Hélène, lorsque vous aurez trouvé ce jeune-homme, c'est lui qu'il faut aimer. L'amour (votre cœur vous le dira comme moi) peut seul vous rendre heureuse : c'est dans les bras d'une époux vertueux, honnête-homme & tendre, qu'une femme trouve une félicité & des douceurs dont elle n'a jamais à rougir. Hé ! que sont auprès de l'amour toutes les autres passions, la folle vanité, l'ambition dévorante, la sordide avarice, la gourmandise abrutissante ? L'amour lui-même diffère de l'amour ; & celui que vous me donnez est la première des vertus dans mon cœur ; il les y fait toutes germer : que serait-ce si vous m'aimiez ! ... Oui, belle de T···, le panchant insurmontable que vous m'inspirez est l'ACCORD DE LA RAISON ET DE LA VOLUPTÉ : mais est-il un nom pour l'avantage d'être aimé de vous ? sans doute, c'est le BONHEUR SUPRÈME, & le plus haut Prix de la Vertu.

L. M. D. T.

La souscription ne consistait que dans ces lettres initiales. On lut cette Lettre ; le style en parut précieux & guindé ; on vit qu'elle était d'un jeune-homme : mais comme l'auteur en était inconnu, on l'oublia bientôt.

Quoique monsieur & madame de T··· vécussent fort retirés, & comme des gens satisfaits chez eux, ils recevaient presque tous les jours quelques connaissances choisies, distinguées par leur rang, autant qu'estimables par leurs mœurs. Le Maréchal de Th···

était de ce nombre. Ce seigneur, en voyant Hélène chez monsieur de T***, desira de l'unir à son fils unique. Il pressentit adraitement le Comte & la Comtesse, pour savoir s'ils n'avaient pas déja pris d'autres engagemens, & lorsqu'il crut être sûr que personne ne l'avait prévenu, il leur présenta son fils, qui venait de finir ses Exercices, & leur demanda pour lui l'honneur de leur amitié, en recommandant au Vicomte de s'en rendre digne. Le jeune-homme répondit de manière à donner une excellente idée de son esprit.

Avant d'aller plus loin, je crais devoir entrer dans quelques détails sur l'Éducation qu'avait reçue monsieur de Th**, qui se trouvait plus âgé que le Marquis de quelques années.

*ÉDUCATION du VICOMTE DE TH**.*

«MONSIEUR le Maréchal avait confié la jeunesse de son fils à un homme qui se dévoua tout-entier à cette éducation. C'était un pauvre Gentilhomme, brave, honnête, instruit & prudent. Il était veuf, & n'avait eu de son mariage qu'une fille, plus âgée que le Vicomte, assez laide, & que par cette raison le sage Instituteur ne fit pas difficulté de donner pour émule à son Élève.

La première étude qu'il fit, & la plus importante, ce fut celle du caractère du Vicomte: il le trouva de ceux que l'on nomme heureux; c'est-à-dire, doux, tranquille, liant,

& portant la souplesse peut être trop loin. Ensuite il chercha la source de ces qualités : il la trouva dans une âme molle, aimant le bien-être, le repos, & prenant d'elle-même pour se les procurer, les moyens les plus efficaces. Ce fut d'après ces connaissances qu'il dirigea sa marche. Il comprit que s'il était facile de conduire un Disciple de cette trempe, il n'était rien moins qu'aisé d'élever son âme, & de la rendre capable des grandes choses. Si le Vicomte eût été d'une condition commune, il était comme il convient ; le bonheur de la société dépendant d'avoir beaucoup de membres paisibles, & le but des loix réprimantes n'étant que de réduire la foule à se conduire modérément : mais un homme fait pour remplir des postes importans, doit avoir quelque chose de plus ; il lui faut du ressort, & presque l'enthousiasme de la vertu : sans cette vigueur d'âme, l'homme de condition n'apporte dans le ministère, le commandement des armées, la magistrature, qu'une molle insouciance, qui tolère les abus, laisse le mérite, le génie & la vertu sans encouragemens & sans recompenses. Pour réussir avec son Élève, le Gouverneur qui se donnait entièrement, voulut qu'on ne mît aucunes bornes à son autorité. Le Maréchal y consentit ; mais il n'en était pas de même son épouse : tremblante pour les jours de son fils, elle eût volontiers sacrifié les mœurs à la satisfaction des goûts actuels. Il falut que l'Instituteur commençât l'éducation par l'esprit de la Maréchale, & ce ne fut pas le moins pénible de sa tâche.

Cette Dame, élevée doucereusement, gâtée par les fadeurs des Religieuses, la petitesse des femmes qui l'avaient élevée, & plus encore par les adulations ridicules & basses des hommes qui l'environnèrent, lorsqu'on put lui dire qu'elle était belle, ne pouvait soutenir l'idée d'un seul acte de vigueur; son âme était bonne, mais on l'avait énervée: lors donc qu'on eut remis le Vicomte entre les mains de l'Instituteur, la tendre mère était à-tout-moment auprès d'eux, prévenait toutes les fantaisies, & les caprices de son fils, ou plutôt elle lui en donnait, car, de lui-même l'enfant était d'un caractère à n'en point avoir. Cependant le Maréchal & l'Instituteur, de concert, se proposaient d'accoutumer le Vicomte aux fatigues: —Je vous donne mon fils, avait dit l'estimable Guerrier, pour en faire un homme capable de remplir ses devoirs dans l'état auquel il est destiné; pour réussir, il faut qu'il soit ce qu'il doit être, ou qu'il ne soit pas: voila mon dernier mot; règlez-vous là-dessus—. Ainsi l'Instituteur avait le champ libre: mais il agit avec prudence; une machine délicate ne veut pas être brusquée: il commença donc par bannir les bonbons, les sucreries: il procura des alimens solides, point trop succulens, mais de digestion facile: il le fit bien dormir ; il ne donna qu'un exercice modéré : ce régime fortifia la frêle machine à-vue-d'œil, & ferma la bouche à la Maréchale. Mais chaque ſemaine, l'Inſtituteur commença par y ajouter peu-à-peu : deſorte qu'à la fin de la ſeconde année, le Vicomte ſe trouvait très-loin du but dont il était parti. Durant la troiſième, les exercices violens étaient déja ſenſibles : la fille de l'Inſtituteur les partageait avec lui ; & l'on ſe cachait de la Maréchale, ſans que l'enfant s'en aperçût. Mais un jour, elle ſurprit les deux Élèves s'exerçant ſous les yeux du Maître à grimper ſur les arbres : elle friſſonna du danger : cependant elle retint ſa colère : de jeunes payſans (car on était à la campagne) étaient les émules du Vicomte & de Gertrude : ils leur donnaient l'exemple ; mais le fils du Maréchal & la fille de l'Inſtituteur les ſurpaſſaient en ſoupleſſe. Après cet exercice, il fut queſtion de la lutte : un pré ſur le bord d'une petite rivière était le champ : le Vicomte, délicat, peu robuſte, en comparaiſon de ſes adverſaires, était vaincu lorſqu'il ſe laiſſait accoler ; aulieu qu'en uſant d'adreſſe, & combatant à la volée, il ſaiſiſſait ſon homme de manière à le renverſer facilement. L'on était en automne, & le froid commençait à ſe faire ſentir : cependant toute cette Jeuneſſe ſe jeta dans l'eau : cet objet révolta doublement la Maréchale : le danger, l'indécence : ſon fils était en ſueur, & Gertrnde preſque nue devant dix garçons.... Madame de Th·· ne ſentait pas que la décence était dans le cœur de ſon fils & de ſes jeunes camarades ; aulieu que dans le monde & dans les monaſtères, elle conſiſte dans les habits & dans les mots : aucun d'eux ne feſait attention à la différence du ſexe, préciſément parce qu'on ne mettait aucune différence entre Gertrude & eux. Si la Maréchale avait prévu l'action de ſon fils, elle l'aurait empêchée ; mais la voyant faire, & que les jeunes-gens s'agitaient dans l'eau ; remarquant d'ailleurs avec quelle adreſſe ſon fils nageait, elle crut devoir attendre, s'imaginant bien que ce n'était pas la première fois qu'on en agiſſait de la ſorte. Enſuite les jeunes-gens, tremblottans de froid, vinrent ſe ſècher en courant les uns après les autres. La Maréchale qui ſouffrait violemment, ne fut tranquille que lorſqu'elle les vit habillés, & faire ſur l'herbe une collation joyeuſe & frugale. Elle ſe hâta d'aller attendre le Gouverneur chez elle, donnant ordre que, dès qu'il ſerait rentré, on ne manquât pas de le lui envoyer. Heureuſement le Maréchal ſurvint dans le moment. Son épouſe, ſuffoquant d'indignation, allait lui rendre compte de ce qu'elle nommait des indignités, lorſque le Maître & les deux Élèves arrivèrent. Madame de Th·· s'emporte auſſitôt contre lui, l'accuſe de perdre ſa propre fille avec l'Élève qu'on lui a confié ; d'expoſer autant leur ſanté que leurs mœurs : enfin elle parla durant un quart-d'heure avec tant de volubilité, qu'il fut impossible de lui répondre: elle termina par demander, que sur-le-champ le Vicomte fût ôté de pareilles mains. Le Maréchal, voyant qu'elle avait tout dit, la pria doucement de rentrer dans son appartement, en lui promettant satisfaction. Il espérait de lui faire entendre raison, après l'avoir calmée: mais ces femmes indolentes & délicates, sont les plus entêtées de toutes les créatures: elle exigeait qu'avant tout l'Instituteur fût renvoyé. Comme le Vicomte était présent à cette altercation, son père craignit l'effet qu'elle ferait sur lui, s'il ne marquait pas de la fermeté: —Mon fils, lui dit-il, voila votre mère; elle & moi nous sommes également vos maîtres; vous devez obéir à tous-deux; mais ma femme me doit l'obéissance; je suis son chef par la nature, & les loix m'en donnent toutes les prérogatives; ainsi j'ai droit de lui commander de vous laisser retourner auprès de votre Maître: Ma femme, continua-t-il, je vous dois de la déférence, je le fais: mais je veux que notre fils apprenne, que le chef n'en doit pas marquer, lorsqu'on l'exige; eussiez-vous raison, je n'y dois aucun égard, lorsqu'on emploie l'impériosité, où l'on ne doit user que d'insinuance & de persuasion. Ainsi je refuse de renvoyer l'homme à qui j'ai confié notre fils; je veux qu'il continue son éducation; je le veux, & vous ordonne de vous conformer à mes vues: allez, mon fils, retrouver votre Gouverneur, & retenez la leçon que je viens de vous donner : ſachez auſſi que la conduite de votre Maître eſt concertée avec moi : voyez en lui votre père & votre ami.

Dès que le jeune-homme fût éloigné, le Maréchal, qui aimait véritablement ſon épouſe, prit avec elle le ton que l'étude qu'il avait fait de ſon caractère l'aſſurait devoir réuſſir : & lorſqu'elle fut au point où il la deſirait, il fit appeler le Gouverneur. Celui-ci parut avec cette noble fermeté que donne le témoignage de la conſcience : la Maréchale lui fit ſes objections, & voici ce qu'il répondit.

—Si j'avais expoſé mon Élève ſans préparation aux épreuves que vous avez vues, madame ; que j'euſſe imprudemment ſuivi les conſeils de certains Éducateurs, je ſerais blâmable : mais j'ai preſqu'imperceptiblement amené votre fils au point où vous l'avez vu : monſieur le Maréchal vous aſſurera que nous l'avons fortifié, avant de l'obliger à faire uſage de ſes forces. Un autre point qui vous a révolté, c'eſt ma fille. Il ne me convient pas, madame, de vous expoſer tous mes motifs : ſeulement je vous dirai que je veux élever Gertrude à la Spartiate ; que manquant de beauté, je veux lui donner les qualités du ſexe qui n'en a pas beſoin ; enfin, que je veux accoutumer le Vicomte, le familiariſer avec le ſexe dangereux, par le moyen d'un individu qui ne l'eſt pas ; & je crais par-là prendre le moyen le plus ſûr de conſerver ſes mœurs. La décence. . . Madame, je veux que votre fils n'ait pas à redouter l'indécence dans les autres, & que tout ſoit décent pour lui : je fus élevé par des hommes très-décens; jamais rien ne frappa ma vue, durant mes premières années, qui fût capable d'éveiller les deſirs : qu'en arriva-t-il ? tout fut pour moi ce qu'on avait voulu me cacher, & mon imagination l'embelliſſait : les deſirs tardifs n'en furent que plus violens (*). En accoutumant, votre fils à tout voir, je diminuerai, peut-être le reſſort de ſon âme; mais très-certainement je le préſerverai des funeſtes impreſſions. —Et votre fille, dit la Maréchale? —Dès que le danger exiſtera pour elle, j'y pourvoirai : d'ailleurs, madame, & ma fille & moi, nous ſommes ici pour votre fils—. Madame de Th··, forcée de ſe rendre, entrevit que le Gouverneur pouvait avoir raiſon; il lui devint plus facile d'obéir à ſon mari, de s'en rapporter à ſes lumières.

Ce fut alors que le Vicomte entra au Collége, avec ſon Gouverneur & Gertrude elle-même : on la fit habiller en jeune-homme, pour qu'elle ſuivît les mêmes études que l'Élève de ſon père, auquel elle avait toujours ſervi d'émule : cette manière d'exciter l'émulation, par un objet de ſexe différent, eſt bien plus parfaite que celle qu'on avait employée avec le Marquis de T···; celle-ci ne

(*) Sæpè venit magno fœnore tardus amor.

Propert. lib. v, eleg. 9.

peut qu'exciter l'envie de primer ; la première ne préjudicie point au caractère ; ſi elle eſt dangereuſe, c'eſt pour le cœur ſeulement, & les ſuites n'en ſont pas irréparables. Le Vicomte, durant ſon ſéjour dans la maiſon d'Éducation publique, connut le Marquis ; il fut quelquefois jaloux de ſes ſuccès ; mais Gertrude, à laquelle il ouvrait ſon âme, étouffa ces germes de diſcorde, en le portant à s'eſtimer ce qu'il valait ; ſentiment toujours avantageux, s'il ne ſort pas des bornes : le contraire (peut-être auſſi commun que la préſomption) a perdu plus de jeunes-gens qu'on ne l'imagine.

Je ne groſſirai point ces Mémoires d'une infinité de détails que l'on trouve ailleurs : je paſſe tout-d'un-coup à un évènement que l'on aura preſſenti. Gertrude & le Vicomte étaient toujours enſemble : à la vérité l'Inſtituteur ne les perdait pas un moment de vue ; mais ils ſe voyaient : le jeune-homme, par habitude, ceſſa de trouver laide ſa compagne ; & la jeune-perſonne, ſans ſe l'être avoué, aimait éperdûment ſon camarade. Quoiqu'elle n'eût pas de beauté, l'âge de plaire amena les grâces ; ſa voix ſoigneuſement cultivée, aſſouplie d'ailleurs par l'amour & par le deſir, était la plus touchante qu'on pût entendre : elle avait peu de blancheur ; mais à quinze ans de vives couleurs vinrent parer ſes joues, ſes yeux s'animèrent, & leurs regards étaient enchanteurs ; ſa taille était parfaite, ſon piéd un abregé des grâces les plus provoquantes. Le père de Gertrude n'avait pas cru que la laideur pût devenir aimable ; il reconnut qu'il s'était trompé ; mais il s'en réjouit pour ſon Élève, & tout était prévu : car s'il ſe fût endormi ſur cette aſſurance, le moment du réveil ſerait arrivé trop tard ; Gertrude aimait, & le Vicomte ne pouvait tenir où elle n'était pas. Tout cela n'effraiyait pas l'Inſtituteur : mais la Maréchale entendit malheureuſement un jour l'aveu que l'amante infortunée feſait de ſa paſſion à ſon père. - Vous aimez, lui répondait ce dernier ! ah ma fille, que je vous plains ! l'objet de votre tendreſſe ne peut y répondre, c'eſt un frère que vous devez chercher en lui : tu ne vas ſentir l'amour, ô ma fille, que par ſes peines... Écoutez, mon enfant ; n'avez-vous pas vu que vous aimiez ſans eſpérance ? —Oui, mon père, je l'ai ſenti. —Pourquoi donc aimiez-vous ? c'eſt une folie. —Je ne ſuis pas maîtreſſe de ce mouvement. —Ce n'eſt pas nonplus du mouvement de tendreſſe dont je vous fais un crîme ; il eſt naturel, & parconſéquent permis. Non, ma chère fille, ton père n'eſt pas un tyran barbare ; mais il ôſe eſpérer une preuve de ton affection pour lui, ma Gertrude, & de ta vertu : c'eſt de faire ſervir ton amour à mes deſſeins, & d'être malheureuſe ſans te plaindre ; c'eſt de faire éprouver à celui que tu aimes toute la force du ſentiment qui te conſume, dans les vues que je te preſcris rai : la tâche eſt difficile, mais je ne la trouve pas audeſſus de toi. Je t'immole à mon Élève, à ton amant, Gertrude : dans le monde, il ne peut manquer de reſſentir de l'amour ; feſons-lui connaître le véritable, qu'il en éprouve les douceurs, afin qu'il les chériſſe & les préfère : après.... —Mon père, après ? —Il faudra vous en faire haïr. -M'en faire haïr! ah mon père, jamais!.. Pourquoi plutôt ne nous pas ſéparer ? —Il n'eſt plus temps. Infortunée ! que ferais-tu loin de ton père ! j'aimerais mieux... —Mais, s'il m'aimait... —Quoi ! déja... —Mon père, je le lis dans ſes regards. S'il m'aimait... & que... Vous êtes Gentilhomme ... M. le Maréchal vous conſidère... —Qu'ôſez-vous dire, mademoiſelle ! Reſpectez votre père & vous-même. Voudriez-vous, amante peu généreuſe... —Ah mon père, épargnez-moi ! je ne ferai pas indigne de vous. Et puis les dédains de la Maréchale—.....

Dans ce moment, le Vicomte rentra : le trouble qu'il vit ſur le viſage de Gertrude, l'inquiéta vivement. Comme je l'ai dit, la Maréchale était à portée de tout voir : toujours extrême dans ſes appréhenſions, elle imagina que l'Inſtituteur, dupe de ſa méthode, s'était enferré lui-même ; que le Vicomte épris de Gertrude était perdu. Elle courut auprès de monſieur de Th·· : —Pour-le-coup, monſieur, lui dit-elle, il eſt clair que votre ſage Mentor ne ſait ce qu'il fait. Sa fille aime le Vicomte, à la fureur : il en eſt avec elle aux expédiens; il capitule : vous jugez que la petite-perſonne fera ſes conditions les meilleures qu'elle pourra; & mon fils... —Soyez tranquille, madame, répondit le Maréchal; l'homme ſage auquel nous avons confié notre fils, ſait comme il faut remédier à tout. —En vérité, monſieur, votre ſécurité me ſemble étrange! Elle aime; ſon père l'ignorait. —Madame, elle eſt aimée, & je vous l'apprend. —Elle eſt aimée, monſieur!.. je l'avais entendu; je vous réſervais ce dernier trait: mais vous le ſavez, & vous demeurez tranquille! —Je laiſſe agir la Nature; je reçois le ſacrifice que me fait un père de ſa propre fille, avec la réſolution néanmoins de ne lui permettre de porter ſa généroſité que juſqu'au terme convenable. Nous avons enſemble tout concerté : demeurez en repos, madame : vous avez dirigé les premières années du Vicomte; le tour des hommes eſt venu; permettez que nous agiſſions à notre manière—. La Maréchale ne pouvait ſe contenir: cependant comme ſon époux était un homme ferme & raiſonnable, il falut céder.

De ſon côté, l'Inſtituteur ſuivait la marche de l'amour dans le cœur de ſa fille, tout-prêt d'y exciter la fierté, lorſque le Vicomte en ſerait au point où il le voulait. Mais qu'il eſt difficile de bien gouverner la plus impétueuſe des paſſions! Bientôt les jeunes amans allaient franchir d'impuiſſantes barrières.

L'Inſtituteur s'en aperçut : —Ma fille, dit-il à Gertrude, ſongez que vous ne devez prétendre qu'à votre égal : prendre un mari dans un rang plus bas, c'eſt vous avilir aux yeux du monde ; porter les yeux trop haut, c'eſt s'expoſer à paſſer le reſte de ſa vie dans une élévation apparente, & dans une dégradation réelle ; il vaudrait mieux avoir fait le choix le plus vil. Je vous ai laiſſé gouter toute la douceur d'un panchant honnête : mais l'amour, comme le feu, donne en commençant, une chaleur douce, bienfeſante, & finit par brûler douloureuſement : tous deux ne s'arrêtent que lorſqu'ils ont conſumé. Ma fille, que voulez-vous faire maintenant ? Rendre malheureux votre camarade, votre ami, ou-bien ingrat envers ſon père ? détruire mon ouvrage ? juſtifier les craintes de madame la Maréchale ? mériter ſa haîne, ſon mépris ?... Voudriez-vous... céder à votre amant ? —Lui céder ! moi ! monſieur ? —Hé ! ce mal, tout grand qu'il eſt, ſerait moindre que que tous les autres ; du-moins vous ſeriez généreuſe ; ce ſerait immoler votre vertu, mais à ſon repos—. Il ſaiſit enſuite un prétexte pour la laiſſer ſeule avec le Vicomte : c'était la première fois. Elle était en pleurs lorſque le jeune-homme entra. —Qu'avez-vous, mademoiſeile ?.. Mon amie, qu'as-tu ? qui fait couler tes larmes. —Ne le demande pas, non ; c'eſt une faute de le demander : voudrais-tu me faire rougir ? —Non, mais je veux consoler mon amie. As-tu des secrets que je doive ignorer? —Oui, monsieur. -Quoi! l'amitié sincère... —Pour exister, demande l'égalité: elle n'est pas entre nous: monsieur, je vous considère, je vous estime, mais je dois cesser de vous aimer. —Gertrude, mon amie, vous avez de l'esprit, vous voyez plus loin que moi; mais ce n'est pas un avantage pour nous. Ces nouvelles idées excitent-elles vos larmes? —Oui, monsieur; mais ce sont les dernières. —Ingrate! —Celui de nous-deux qui fera des reproches,... est un ingrat. —Vous vous envelopez envain: je vous pénètre. Ah Gertrude, aimable compagne de ma jeunesse, si nous ne sommes pas égaux, la supériorité t'appartient. —Vous êtes, monsieur, l'héritier d'une grande maison. —Vous êtes adorable, mademoiselle; vous avez toutes les vertus de votre sexe, sans en avoir les défauts: vous me rendriez heureux. —Oh! mon ami—... L'Instituteur rentre à ces mots: —Non, monsieur, dit-il à son Élève, vous ne le seriez pas, en allant contre les vues de vos respectables parens & contre les miennes. Crayez-en mon expérience, elle est plus sure que votre ivresse. Cependant calmez ce trouble que je vois dans vos regards: loin de vous séparer, je veux que vous passiez désormais plusieurs heures ensemble tête-à-tête. Je crais pouvoir vous abandoner à tous-deux l'honneur de mon sang, & celui de la manière dont je vous ai conduits: il va dépendre de vous de me couvrir de honte ou de gloire. Dans le premier cas, point de reproches de ma part, je ne m'en prendrai qu'à moi : dans le ſecond, vous me pénétrerez de reconnaiſſance & de contentement. Vous êtes libres dès ce moment : après la victoire que ma fille va remporter ſur elle-même, monſieur le Maréchal & moi nous eſpérons lui donner un honnête-homme, digne d'elle, & qui ſait dès-à-préſent ce qu'elle a dans le cœur—. En effet, il les laiſſa, lorſqu'il eut achevé ce petit diſcours, & fut en rendre compte à monſieur & madame de Th··. La Maréchale lui dit avec humeur : —Je n'entens rien à toutes vos momeries ; ces enfans vont ſe perdre : au reſte votre fille court le plus grand riſque. —C'eſt par cette raiſon, madame, que je les expoſe : quel que ſoit l'évènement, votre fils ne peut que gagner ; & ma fille perd de toutes manières : mais, je le répète, madame ; c'eſt pour votre fils, que vous m'avez chez vous, & non pour que j'élève ma fille. Imitons la Divinité, tendons au but le plus relevé, même par le mal apparent. Nous voulons faire un homme, capable de vivre ſagement dans un ſiècle rafiné, où la volupté du moment remplace l'amour ; où le plaiſir éteint le ſentiment : feſons-lui tout connaître, afin qu'un jour il puiſſe tout apprécier. Ce ſera mon affaire de conſoler ma fille—.

Mais l'homme vertueux n'eut pas beſoin d'en venir-là. Son diſcours avait fait une vive impreſſion ſur l'âme ferme de Gertrude; il avait ſubjugué l'âme molle du Vicomte. Le père de Gertrude connaiſſait ſi parfaitement leurs caractères, qu'il prédit au Maréchal non-ſeulement leurs réſolutions, mais le ſens des diſcours qu'ils devaient ſe tenir. — Vous pourrez dans la ſuite, monſieur, ajouta-t-il, commander à votre fils l'amour ou l'indifférence; nous venons de briſer la barre de l'opiniâtreté —.

Deux mois après le trait dont je viens de parler, Gertrude, qui durant cet intervale, n'avait rien dit à ſon père qui concernât ſes diſpoſitions, le pria, devant le Vicomte, de lui tenir ſa promeſſe. L'Inſtituteur, en lui laiſſant la liberté d'entretenir ſon amant, s'était mis à-portée de voir toutes leurs actions & d'entendre tous leurs diſcours; il ſavait qu'elle était digne d'être mariée: on l'unit à un officier, homme d'honneur, âgé de quarante-cinq ans, devenu riche & le chèf de ſa maiſon par la mort de deux aînés. C'était un ami de l'Inſtituteur, juſte humain, libéral; qui ne cherchait pas, comme à la ville, une femme qui n'eût jamais rien ſenti, neuve de cœur & de corps; mais qui voulait une aimable & douce compagne, modeſte, réſervée après le mariage, & capable de lui faire aimer le ſéjour de la province où il allait ſe retirer: car il ſe propoſait de vivre au milieu de ſes vaſſaux, d'être leur protecteur & de leur ſervir de père. Ce mariage fut très-heureux : Gertrude donna trois enfans à son mari : jusqu'à-présent la seule calamité qu'elle ait essuyée, est la mort de son digne père. Le Vicomte perdit ce sage Instituteur un an après le mariage de Gertrude. Ce qui doit surprendre, c'est que personne ne le pleura plus amèrement que la Maréchale.

Monsieur de Th·· se chargea pour-lors de diriger son fils. Ce jeune Seigneur avait dix-huit ans. Il etait bien-fait, d'une figure douce & prévenante : son air & son maintien avaient une noble fierté ; mais la bonté qui se peignait dans ses regards, en tempérait la majesté. Comme on l'a vu, le Maréchal n'avait rien négligé pour son éducation durant l'enfance : il n'apporta pas moins de soin pour en faire un Officier ; de-sorte-que s'élévant audessus des préjugés aveugles, il voulut que son fils n'ignorât que les choses inutiles ou dangereuses ; qu'il fît une étude sérieuse des Sciences relatives aux emplois qu'il pouvait exercer un jour ; qu'il s'appliquât à connaître le *Droit-des-gens*, & ce qu'on peut appeler le *Droit-public* de l'Europe ; la Topographie, & particulièrement celle des lieux qui sont ordinairement le Théâtre de la guerre ; le Maréchal y servait lui-même de guide à son fils : il voulut qu'il connût jusqu'au moindre chemin détourné, les rivières, les canaux, les montagnes & les forêts de toutes les frontières de la France. Trois années furent conſacrées à ce travail inſtructif. Les études pratiques accompagnèrent celles-ci : le Vicomte exerça les arts ; il pouvait parler avec l'Architecte, le Maçon, le Conſtructeur de-navires, leur faire entendre ſes idées, & leur ſuggérer la manière la plus facile de les exécuter : mais les talens utiles n'exclurent pas ceux qui donnent les grâces : le jeune de Th·· danſait & chantait paſſablement ; ſon eſprit, orné par la lecture des ouvrages agréables, était en même-temps nourri par celle des Hiſtoriens & des chéfs-d'œuvres de nos grands-hommes ».

Tel eſt le rival que l'amour va donner au Marquis.

Quoique ces deux jeunes Élèves ſe fuſſent rencontrés au Collége, ils s'étaient peu liés : les Ignaciens, par une adreſſe condannable, y avaient contribué, en oppoſant trop ſouvent deux rivaux dignes l'un de l'autre, que l'envie de ſe ſurpaſſer mutuellement tenait en haleine, mais toujours diviſés. Ils s'étaient vus quelquefois depuis avec indifférence : les ſociétés du Marquis n'étant plus celles du Vicomte, ils ſe traitèrent bientôt en inconnus : ils ne ſe haïſſaient pas, mais une démarche, un mot, un geſte pouvaient faire ſuccéder l'averſion, à cette ſorte de jalouſie qu'ils étaient accoutumés à ſentir en ſe voyant.

La Nature & l'Amour ſemblaient cependant s'être accordés pour qu'ils ne s'enviaſſent rien. Le Vicomte, peu de temps après le mariage de Gertrude, eut occaſion de voir une jeune-perſonne qui le fixa : c'était mademoiſelle d'E···, cette amie d'Hélène qui ſortait alors du Couvent de C··. L'on peut dire qu'elle égalait mademoiſelle de T··· en mérite, & ne le cédait qu'à elle en beauté. Monſieur de Th·· était heureux, puiſqu'il aimait & qu'il était aimé, lorſque ſon père voulut faire l'eſſai de ſon pouvoir & de la docilité de ſon fils, en lui commandant de porter ſes vues d'un autre côté. Le Maréchal ne fit pas myſtère de ſes deſſeins ſur mademoiſelle de T··· pour le Vicomte ; la nouvelle s'en répandit, & les parens de Léonore en furent mieux inſtruits que perſone. Ils défendirent à leur fille de recevoir le Vicomte, & n'en turent pas la raiſon ; deſorte que Léonore gémit de l'inconſtance de ſon amant, lorſqu'il était encore fidèle. Ce mal-entendu cauſa du refroidiſſement : chacun des deux amans crut avoir été ſacrifié par l'autre, & tous-deux aveuglément ſoumis aux ordres de leurs parens, ne cherchèrent pas à s'expliquer. Ce fut dans ces circonſtances que le Vicomte parut à l'hôtel de T···, & qu'il vit pour la première fois celle que ſon père lui ordonnait d'aimer. Juſqu'à ce moment, il héſitait encore à rompre ſa chaîne ; & quoique ſon âme facile à gouverner, ſuivît toutes les impreſſions qu'on lui donnait, elle était généreuſe ; ce noble motif le feſait tenir à ſes engagemens, autant que d'autres par la paſſion, l'opiniâtreté, l'orgueil & l'indocilité. Mais la beauté d'Hélène ne permettait pas de comparaiſon; elle était ſi ſéduiſante, qu'il était impoſſible de lui réſiſter. En la voyant, le Vicomte ébloui, ne trouva plus rien de dur, dans les ordres de ſon père: il deſira de toucher le cœur de mademoiſelle de T···; & cet amant qui venait de répandre des larmes, en ſe rappelant le temps où Léonore partageait ſa tendreſſe, ſe livra tout-entier à l'eſpoir d'être heureux par un nouvel amour.

Les ſoins qu'il commençait à rendre à mademoiſelle de T···, furent remarqués de la Comteſſe, & lui donnèrent de l'inquiétude: ſes obſervations ne lui permirent pas de douter longtemps que le Vicomte ne fût ſérieuſement épris des attraits de ſa nièce. Le jour même qu'elle fit cette découverte, monſieur le Maréchal ayant voulu ſonder les diſpoſitions de ſon fils, la chaleur avec laquelle ce dernier vanta le mérite d'Hélène, le perſuada qu'il était parfaitement réſigné. Il lui réitéra l'ordre de s'attacher à mademoiſelle de T···. Le Vicomte découvrit alors ſans héſiter les ſentimens qu'il venait de prendre pour cette aimable perſonne; & monſieur de Th·· enchanté de cette prompte obéiſſance, l'aſſura qu'il ne remettrait pas à un autre jour les démarches néceſſaires: —Monſ.r de T··· eſt mon ami, ajouta-t-il; je le regarde comme mon frère, & je ſais de lui-même que perſonne ne nous a prévenus: votre bonheur eſt ſûr, puiſqu'il dépend de cet honnête-homme & de votre père. Allez à l'hôtel de T···, tâchez d'entretenir votre maitresse un moment; vous la préviendrez; je vous suis dans quelques heures——.

En quittant le Maréchal, le Vicomte s'étonna de sa précipitation : Léonore qu'il avait si tendrement aimée, l'aimable Léonore se peignit au fond de son cœur: une voix secrette semblait lui reprocher qu'il trahissait une amante fidelle. Une Lettre qu'il avait reçue depuis quelques jours, semblait lui faire entendre que Léonore n'avait jamais cessé de l'aimer, & que cette généreuse fille s'immolait au bonheur d'un ingrat. Mais bientôt Hélène & ses attraits firent taire les remords. Charmé de s'être décidé, il se rend chez monsieur de T···, & trouve Henriette seule avec Hélène. Il aurait bien desiré d'entretenir mademoiselle de T··· en particulier; mais il n'était pas facile d'en venir-là, parce qu'elle ne quittait jamais la Comtesse. C'est ce qui lui donna l'air plus timide & plus embarassé qu'à l'ordinaire; ses discours pourtant étaient flateurs, sans être fades; ses yeux exprimaient l'amour avec le respect : il cherchait à faire deviner le secret de son cœur; & rien n'était si facile que de le pénétrer. Cette conduite rappela le Billet qu'un inconnu avait remis au portier. La Comtesse l'en crut auteur. Elle redouta pour son fils un rival aussi raisonnable que tendre, & qui d'ailleurs était un parti sortable en toutes manières pour sa nièce. En effet, sans les nouvelles dispositions du Marquis, qu'on ne fesait que soupçonner, personne n'aurait été plus digne d'Hélène. Cependant la Comtesse n'avait rien à craindre: la fille du Chevalier connaissait les volontés d'un père expirant: elle s'était destinée à son cousin, avant même de savoir s'il la rendrait heureuse: la passion du Marquis pour madame de J·· ne l'avait point fait changer de résolution, ni perdre l'espérance de voir renaître ces jours fortunés de leur jeunesse, où l'intimité la plus douce les unissait. Lorsqu'elle eut revu celui qu'elle avait aimé dès l'enfance revenu de ses égaremens trop multipliés, elle desira vivement d'acquerir des droits à sa tendresse: mille petites remarques lui disaient qu'elle l'avait touché; & son plaisir le plus doux était chaque jour de chercher à changer ces doutes en certitudes. Mais ce qui ne fut jamais douteux pour elle, c'est que son cœur, d'accord avec la volonté de son père, les vues du Comte de T···, & les desirs de sa Tante, préférait le Marquis à tout l'univers: c'était pour lui seul qu'elle se parait, lorsqu'il ne devait point la voir; depuis qu'il avait changé de conduite, Hélène ne négligeait rien pour être belle aux yeux de son Cousin. Telles étaient les dispositions de celle qui rendait infidèle monsieur de Th··, quand ce jeune-homme crut pouvoir hazarder l'aveu de ses sentimens. Mademoiselle de T··· l'avait lu dans ses yeux (les femmes sentent mieux que nous-même la vérité des impressions qu'elles ont faites) ; elle ne voulut pas l'entendre, parce qu'elle n'avait rien d'obligeant à y répondre ; elle saisit un prétexte pour se retirer, & laissa le Vicomte avec sa tante.

En sortant, Hélène aperçut Justine. Elle aimait beaucoup cette fille, dont la conduite était devenue digne de cet honorable attachement. Il n'est pas inutile de remarquer que l'action généreuse de madame de T···, en obligeant Nishard, était déja recompensée doublement : Luce avait fait éviter au Marquis les malheurs qui suivent une passion réprouvée par le devoir & les loix les plus saintes de la société : Justine, par le zèle le pur, fesait tous les jours bénir à sa vertueuse protectrice l'instant où elle l'avait connue. —Justine, lui dit mademoiselle de T···, mon cousin n'est pas sorti ? —Lui ! sorti, mademoiselle ? reprit la jeune Nishard ; il ne quitte plus sa chambre. En vérité, l'humeur dont il est à-présent m'inquiète : je tremble qu'il ne lui ait pris quelqu'idée de se faire reclus, & qu'il ne s'exerce chez lui, pour connaître s'il pourra supporter une solitude absolue—. Hélène sourit. —Vous riez, mademoiselle ? Ah ! je ne sais pas si c'est de bon-cœur ; mais je pleurerais volontiers, moi. Depuis quelque temps il me paraît d'une gravité, que je crais de la tristesse : vous la partageriez, je gage, si vous le voyiez.—Certainement j'aime mon coufin. —Eh qui ne l'aimerait pas? ... Mais il me vient une idée: ... Mademoifelle, voudriez-vous favoir ce qu'il fait à-préfent, ainfi tout-feul? —Moi, Juftine? & comment?... Mais, cela ne ferait pas bien. —Eh-fi, mademoifelle: Madame vous a formellement exceptée de la défenfe de révéler ce myftère à perfone. Tenez, fi vous le voulez, vons n'avez qu'à dire, & me fuivee. —Mondieu! ma chère, n'eft-ce pas une folie? —Il en eft quelquefois d'heureufes—.

J'ai dit que la Comteffe s'était procuré le moyen de lire jufqu'au fond du cœur de fon fils. Elle avait fa chambre-à-coucher à côté de celle qu'il occupait; on avait pratiqué dans la boiferie, une portiére fermée par une couliffe dont il était impoffible de s'apercevoir: par ce moyen, madame de T··· diftinguait les moindres mouvemens du Marquis, entendait toutes fes converfations. Juftine connaiffait le fecret du jeune amant, & voulait le fervir auffibien qu'Hélène, en mettant l'aimable perfonne à portée de s'inftruire par elle-même. En approchant de la couliffe, que Juftine leva, Hélène fentit fon cœur palpiter: elle allait voir celui qu'elle aime, peut-être l'entendre, fans être gênée, interdite par fes regards! peut-être s'occupait-il d'elle! Lorfqu'elle l'aperçut, elle treffaillit, & fon âme toute entière paffa dans fes beaux yeux. Le Marquis écrivait. Il paraiffait fort appliqué. Au bout de quelques minutes, il ceffe,

& prenant le papier, il relit tout-haut, & d'un ton passionné ce qu'il venait d'écrire.... Quelle fut la surprise, la joie, le ravissement inexprimable de la tendre Hélène, lorsqu'elle entendit ces paroles :

LETTRE du MARQUIS à HÉLÈNE, qu'il ne peut se déterminer à envoyer.

MADEMOISELLE : Je crains d'exciter plutôt votre colère que votre indulgence, en vous peignant ce que vous avez inspiré à un homme indigne de vous.... Peut-être devrais-je encore employer une main étrangère? ... Il fut un tems (je sais que je n'ai pas droit de vous en faire ressouvenir) mais il fut un temps où j'aurais été sûr de vous faire plaisir : il est passé ce temps heureux, où ma présence excitait la joie dans votre cœur : j'ai moi-même tout fait pour l'effacer de votre mémoire.... Souffrez cependant, non que je vous le rappelle, mais que je vous parle de celui-ci ; car je suis bien loin de reclamer des droits que je n'ai plus ; je les ai perdus, & je veux tout devoir à votre indulgence. Mademoiselle, ôserai-je vous dire qu'en vous revoyant, je n'ai pas été le maître de mon trouble.... Ah! qu'il m'eût été doux de le sentir, si j'avais pu craire que je ne vous suis pas odieux! Aimable Hélène! les liens les plus forts nous unissent : vous donnez le nom de mère à celle dont j'ai le bonheur d'être le fils : vos parens sont aussi les miens : mon adorable, ma touchante coufine ! il eft un lien plus doux encore, & mon cœur brûlerait de s'unir à vous par celui-là. Mais tout m'arrête : je fuis trop loin de vous ; & fans parler de mes torts, qu'ai-je fait pour mériter la main d'Hélène ? ou plutôt, l'inaction même, la vile inutilité m'eût rendu moins coupable ; & j'aurais peut-être, comme l'aimable compagne de mes jeunes années, confervé ma première candeur... C'eft donc en tout, qu'il faut que je fois infiniment audeffous d'elle ! J'ai couru d'égaremens en égaremens ; & fi, depuis quelque temps, je m'efforce de me traîner dans le fentier du devoir, c'eft à ma belle Coufine que la gloire en eft due toute entière: il me femble que je n'aime la vertu, que parce qu'Hélène la pratique... O mon adorable Parente ! ce qui vient de m'échaper-là, doit vous faire connaître combien je fuis imparfait encore ; mais en même-temps, ma fincérité vous prouvera la vérité, la force de cette vive tendreffe que vous m'avez infpirée... oui, je vous ouvre mon cœur ; je vous le montre tel qu'il eft : eh ! pourquoi fe parerait-il de beaux fentimens qu'il n'a pas encore?.. mais je fuis bien fûr qu'elle les y fera naître, dans ce cœur, qui ne recevra plus d'impreffions que de vous... Oui, je le fens, c'eft de vous feule qu'il en voudra recevoir.

Après avoir lu cette Lettre, le Marquis la plia ; fe promena dans la chambre, lentement d'abord ; enfuite vîte, fort vîte : fes gestes étaient animés ; quelquefois il parlait, mais ce qu'il disait n'était intelligible que pour lui : enfin il s'arrêta, prit son Billet, & prononça assez distinctement ces paroles : — *Qu'allais-je ôser ! Non, il ne faut pas encore lui faire un aveu, qui la révolterait peut-être.* Il ouvre sa Lettre, la relit, & la déchire, en s'écriant : *Ah ! que cet écrit peint faiblement l'état de mon cœur ! je l'aime, je l'adore, ou plutôt je ne puis définir ce que je ressens pour elle... il vaut mieux lui parler.... Oui, la résolution en est prise, je lui parlerai : je peindrai si bien ma tendresse... Elle me dira peut être qu'il n'y a pas encore longtemps que je tenais à d'autres le même langage... Ah ! divine Hélène, ne vous y méprenez pas : je n'ai ressenti pour d'autres que des desirs, bien vifs, bien ardens, il est vrai, mais ce n'était que des desirs. Et vous, je ne sais quel sentiment vous mettez dans mon cœur : je me trouble lorsqu'on prononce votre nom ; je tressaille, lorsque j'entens le son de votre voix touchante : rien que de respectueux & d'épuré dans mon amour.*

Il cessa de parler, prit ses craiyons, ses pinceaux, & se mit à retoucher quelque chose qui ressemblait à un portrait. Il paraissait fort appliqué à ce travail. Hélène se ressouvint qu'il y avait longtemps qu'elle avait laissé le Vicomte de Th·· avec sa tante : ce qu'elle venait d'entendre lui donnait l'empressement le plus vif de retourner auprès d'elle,

& la délivrait entièrement de l'embarras que les discours du Vicomte eussent pu lui causer. Il était sorti, lorsqu'elle rentra. L'heureuse Hélène se précipite dans les bras de la Comtesse : ses caresses, toujours si tendres, étaient plus vives que de coutume. Henriette crut en connaître la cause ; & cette trompeuse apparence l'affligea. Le Vicomte était aimable ; il venait d'ouvrir son cœur à la Comtesse : peut être était-ce de concert avec Hélène. Aulieu de répondre aux transports de son aimable nièce, ses yeux se mouillèrent de quelques larmes ; elle ne la pressait plus contre son sein. Hélène était bien loin de deviner ce qui se passait dans l'âme de sa tante : Remplie, toute occupée de son cousin, elle ne songeait pas même à s'informer de ce que le Vicomte avait fait. Enfin la Comtesse lui dit : —Tu l'aimes donc, ma fille ? . . . C'est donc par tes ordres qu'il m'a parlé ; tu consens qu'aujourd'hui le Maréchal de Th·· te demande pour son fils ? Je crayais ta confiance plus entière ; & je suis en droit de te dire, que ma tendresse méritait que tu m'en eusses prévenue. Le Vicomte est digne de toi ; je n'aurais pas desapprouvé un choix raisonnable—. Hélène, surprise, crut d'abord que le fils du Maréchal avait ôsé dire qu'il était aimé, qu'il s'était vanté d'avoir son aveu pour la démarche qu'il fesait ; & n'ignorant pas qu'il avait été l'amant de Léonore d'E · · ·, elle se représenta tout-à-la-fois le Vicomte comme un ingrat, un fourbe; comme le plus présomptueux de tous les hommes. Elle se hâta de désabuser sa tante, en l'assurant qu'elle n'avait jamais eu d'entretien particulier avec le Vicomte de Th... Henriette connut qu'elle s'était trompée dans ses conjectures : elle ouvrit son cœur à sa jeune amie, & lui laissa voir tout le desir qu'elle avait de l'unir au Marquis de T.... Ce fut alors qu'Hélène sentit craître sa joie. —Ah ! mon adorable mère, s'écria-t-elle, que les sentimens que vous me montrez sont flateurs ! Quoi ! ces larmes, elles coulaient de regret de ce que j'en aurais aimé un autre que mon cousin, que cet aimable Marquis, le seul homme au monde que je puisse chérir, ... & qui m'adore.... —Qui t'adore ! ... ma fille ! ... toi ! ... mon fils ? ... Qui te l'a dit ? ... comment sais-tu ? ... depuis quand ? ... Ah ! ma chère Hélène ! pourquoi ne me l'avoir pas appris ? chaque instant que tu as différé, est une partie de mon bonheur que tu m'as ravie—. Hélène intérompit par des baisers de flâme ces discours obligeans ; ensuite un récit circonstancié de ce qu'elle venait de voir & d'entendre, fit passer dans l'âme de la Comtesse cette joie si pure, dont le cœur d'Hélène était enivré.

L'entretien qui suivit cet éclaircissement, eut des charmes bien doux pour la tante & pour la nièce. Tous leurs souhaits étaient remplis. —C'est ma chère fille, disait madame de T···, c'eſt mon aimable Hélène qui me rend mon fils ! c'eſt toi, mon amie, qui le rends à ſes devoirs. Saints tranſports d'un amour légitime, quelles vertus ne faites-vous pas germer ! Le Marquis s'était égaré : le malheur, ſuite des paſſions criminelles, les ſages avis de ſon père & de ſon ayeul, l'avaient étonné, ſans le changer : de nouvelles erreurs allaient ſuccéder aux premières ; il ſe connaît ; il change ; il devient modeſte, reſpectueux ; il n'ôſe ſe déclarer, qu'il n'ait effacé par des vertus ſes premiers deſordres : & cette courageuſe réſolution, n'eſt pourtant que l'effet du timide regard d'une enfant !... —Ma charmante maman, intérompit Hélène vivement émue, l'amour porte à la vertu, lorſque de ſages parens ont ſu la faire aimer dès l'enfance : pour les autres, je crais qu'il eſt en eux un vice de plus : c'eſt à vous & à mon oncle, que mon couſin devra la pureté de ſes mœurs : je ſuis pourtant bien ſenſible à la gloire d'y contribuer : non, mon aimable mère ; rien ne ſaurait vous peindre ma joie... & cette lettre d'un inconnu ? maman, elle eſt de mon couſin. J'ai diſtinctement entendu, lorſqu'il a relu le Billet qu'il a déchiré, ces paroles : *Peut-être devrais-je encore employer une main étrangère.* . . . Cher Marquis, je ſuivrai l'avis que vous m'avez donné : j'aimerai toute ma vie cet amant timide, modeſte & raiſonnable que je viens de reconnaître : oui, ce n'eſt que de vous ſeul que je ferai dépendre ma félicité. —Hélène ! Hélène !... ah nous ſerons donc heureuſes, mon Hélène, reprit Henriette: tu me donneras toujours ce doux nom de mère que je t'appris à balbutier dès tes premières années.... Hélène ! ma chère fille ! il ne s'occupait que de toi ! lorſqu'il ſe renfermait chez lui tout le jour, il t'écrivait ! ſon cœur trop rempli prenait cet innocent moyen d'exhaler ſa tendreſſe !....

Monſieur de T··· & le Marquis de V·· vinrent intérompre, ou plutôt partager ces tendres épanchemens : dès qu'Henriette les aperçut, elle courut au-devant d'eux, & ſe hâta de les inſtruire des diſpoſitions du Marquis. La loie brilla ſur tous les viſages. Quelle gloire pour la jeune Hélène ! mais quel plaiſir infiniment plus doux pour ſon ſenſible cœur ! ſon ayeul & ſon oncle la remerciaient de leur félicité ! Vous ſeul, aimable Marquis ne partageates point des tranſports ſi doux: il falait auparavant que vous méritaſſiez le bonheur de ſavoir que vous étiez aimé.

La famille, ainſi réunie, ſe livrait à la joie la plus vive, lorſqu'on annonça le Machal de Th··. Il venait, ſuivant le deſſein qu'il en avait formé, découvrir ſes vues au Comte de T···, pour apuyer la démarche de ſon fils auprès d'Hélène & de ſa tante. Comme les Dames n'ignoraient pas le ſujet de ſa viſite, elles ſe retirèrent avant qu'il ſe fût expliqué. Le Comte de T··· & le Marquis de V·· reçurent ſa propoſition avec tous les égards que méritait un ancien & respectable ami. En s'excusant d'accepter l'honneur qu'ils voulaient faire à l'aimable Hélène, ils lui en donnèrent les raisons que j'ai rappportées; ils en ajoutèrent une nouvelle, qui seule eût été suffisante, c'est que leurs enfans s'aimaient. Le Maréchal était trop sensé pour se trouver choqué d'un pareil refus: il donna les plus grandes louanges au sage projet d'unir le Marquis avec sa cousine. —Mon cher Comte, dit-il à monsieur de T···, je ne vous cacherai pas que l'espérance d'obtenir la main d'Hélène pour mon fils, m'a déterminé à combattre son inclination pour une jeune-personne aussi touchante qu'estimable, mais peu riche: que faire à-présent? je crains que mademoiselle de T··· n'en ait fait un infidèle: reprendra-t-il ses premières chaînes? je le desirerais; car je ne connais qu'Hélène & cette jeune Beauté qui puissent rendre heureux un mari du caractère du Vicomte—: & tout-de-suite il nomma la sœur du Comte de J··. Léonore, comme je l'ai dit, était amie d'Hélène, & connue de monsieur & madame de T···, qui l'estimaient. Le Comte fit son éloge au Maréchal, & lui donna des regrets de l'avoir chagrinée. Il sortit dans la résolution de réparer le mal qu'il avait causé, en instruisant son fils de l'impossibilité d'épouser Hélène, & le portant à rendre son cœur à celle qui méritait de le posséder.

Cette conduite du Maréchal était honnête

& fenfée : il rendait à fon fils l'équivalent de ce que ce dernier avait pour lui : ce bon père confidérait qu'il devait beaucoup à Léonore, qui avait aimé fon fils, qui peut-être par fa fageffe & fon mérite, avait entretenu dans fon cœur l'amour de la vertu : c'eft pourquoi, dès qu'il vit qu'il ne pouvait lui faire obtenir celle qu'il regardait comme la plus méritante, il n'héfita pas à le ramener à l'objet auquel il devait davantage, fans chercher ailleurs une fille plus riche. Le Maréchal avait donc agi comme un père fage & prudent, en ordonnant à fon fils de s'attacher à mademoifelle de T...; il agit en père tendre, en le rendant à Léonore. Le Vicomte avait obéi, lorfque fon père lui fit une loi de renoncer à cette jeune perfonne; le refpect qu'il lui devait, l'avait emporté fur une paffion, qu'il crayait trahie, à la vérité; & qu'il aurait plus difficilement facrifiée, fans cette erreur : il obéit encore, dans cette occafion ; la honte pufillanime, qui fouvent empêche des efprits rebelles de faire à leurs parens de ces grands facrifices, parce qu'ils craient y voir de la baffeffe, n'était pas capable de le retenir ; le Vicomte veut le bonheur, mais doux, facile, & par conféquent avoué de fon père ; les difficultés, qui provoquent les autres hommes, l'euffent rebuté, découragé : d'ailleurs, comme il eftime fincèrement Léonore, il la crait affez généreufe & trop tendre, pour qu'il doive rougir de lui demander un pardon. Il ne fut pas trompé dans l'opinion avantageuſe qu'il avaït de cette charmante fille.

Lorſque le Maréchal fut ſorti, meſſieurs de V·· & de T··· paſſèrent auprès des Dames, pour leur apprendre ce qu'ils avaient répondu, la manière dont le Maréchal était entré dans leurs vues, & le généreux parti qu'il venait de prendre. Enſuite on traça le plan de conduite qu'il était à propos de ſuivre dans cette circonſtance déciſive. Monſieur de V·· était d'avis qu'on fît ſoupirer le jeune Amant après un bonheur dont ſes égaremens & ſon indifférence pour Hélène, pendant un temps conſidérable, ne l'avaient que trop éloigné. Il appuyait ſon ſentiment de raiſons qu'il était difficile de ne pas trouver juſtes. Le Comte ſe rangeait de ſon avis, en le modifiant un peu. Mais Henriette n'approuvait guères que, par ces détours, on ſe donnât la petite ſatisfaction de ſe venger du Marquis. —Je conviens, diſait-elle, qu'il faut lui faire connaître tout le prix du cœur de notre chère fille; mais il ne faut pas, à ce que je crais, lui faire acheter ſon bonheur: feſons-lui grâce, qu'il le ſente, & que ſa reconnaiſſance envers ſa Couſine & nous, augmente ſon amour—. Monſieur de V·· voulut auſſi qu'on prît l'avis d'Hélène: elle s'en excuſait, ſur ce principe d'équité naturelle, que perſonne ne peut être juge dans ſa propre cauſe: mais ſon ayeul inſiſtant, elle obéit: —Il ne m'appartient pas d'examiner, dit-elle modeftement, fi le Marquis fut coupable : tout ce que je puis voir, c'eft qu'il ne l'eft plus. Les fentimens que je lui fais pour votre fille méritent toute ma reconnaiffance, c'eft-à-dire... toute ma tendreffe. Je fouffrirais plus que lui de la contrainte que mes chers parens veulent m'impofer. Mais le mortifier par mes dédains !.... J'ôfe avouer que ce tourment ferait fi cruel pour moi, qu'il n'eft que vos ordres les plus précis, qui pourraient m'obliger à en affecter avec lui—. Les yeux d'Hélène, en achevant ces mots, parurent mouillés de quelques larmes : elle rougit de cette faibleffe qui fefait l'éloge de fon cœur ; la Comteffe la reçut dans fes bras, & cacha dans fon fein l'aimable confufe. Cependant le père & l'ayeul réfolurent qu'on ferait fubir encore quelques femaines d'épreuve au Matquis, afin de s'affurer davantage de la folidité de fes difpofitions. On convint même de lui donner de l'inquiétude, en parlant devant lui de la propofition de meffieurs de Th''.

L'occafion s'en préfenta peu de jours après. L'on avait paffé la foirée chez le Maréchal, où l'on affecta de parler du prochain mariage de fon fils, fans nommer l'objet de fa tendreffe. Au retour, l'entretien roula fur le Vicomte, qui venait de marquer beaucoup d'empreffement à toute la famille. On penfait trop avantageufement fur fon compte, pour n'en pas dire beaucoup de bien : fa double obéiffance aux ordres de fon père venait de lui rendre l'estime d'Hélène, qui en était informée; il lui échappa quelques mots qui le prouvèrent: sur-tout monsieur de V·· , en parlant de la demande qu'on avait fait de mademoiselle de T···, s'étendit avec une prolixité affectée sur l'honneur que ferait l'alliance du Maréchal aux parens dont il recherchait la fille: il vanta le mérite du Vicomte, ses richesses, la noblesse de sa maison. Le Marquis ne put cacher sa surprise; les sentimens presqu'éteints de son ancienne jalousie contre son rival se réveillèrent avec force; il s'indignait de rencontrer toujours ce concurrent redoutable: il s'efforça pourtant de modérer son émotion: mais des yeux attentifs l'examinaient; on le vit pâlir; ses regards se fixaient avec inquiétude sur Hélène, pour découvrir l'intérêt qu'elle prenait à ce discours. On entrevoyait que le sérieux de sa Cousine & son inattention fesaient plaisir au Marquis, sans le rassurer entièrement.

Il se retira de bonne-heure: il avait en sortant un air peiné. Monsieur de V·· s'applaudissait de cette inquiétude. Pour madame de T···, elle passa dans son appartement presqu' aussitôt que le Marquis fut rentré chés lui, & fit signe à sa Nièce de la suivre. La Comtesse voulait profiter de l'occasion; car elle ne doutait pas que son Fils n'exprimât son trouble par quelque plainte, quelques gestes aumoins & par des mouvemens qui feraient lire au fond de son âme. Le Marquis écrivait déja, lorsqu'elles eurent levé la coulisse: son teint était animé, & sa plume semblait voler sur le papier. Il plie sa Lettre, la ferme, sonne, & la donne à son Domestique, en nommant le Vicomte de Th··. —Hé que lui peut il écrire, mon aimable maman—, dit tout-bas Hélène à sa Tante? Sans prendre le temps de lui répondre, la Comtesse sort, fait rappeler le Domestique de son fils, lui demande le Billet dont il l'a chargé, l'ouvre précipitamment, & lit:

VOUS avez des torts avec moi, monsieur; vous en dire la nature ne ferait rien à la chose: Demain matin, à quatre heures, je sortirai par la porte de la Conférence, & je vous attendrai à cinq cents pas dans le bois de Boulogne, en suivant le premier sentier à droite: j'aurai deux pistolets & mon épée; les armes seront à votre chaix: je serai suivi d'un homme sûr, qui ne recevra mes ordres que sur le lieu. Là, monsieur, deux mots vous mettront au fait.

Le MARQUIS DE T···.

La Comtesse était pâle & tremblante en achevant la lecture de ce Billet. Ses genoux se dérobaient sous elle. Mademoiselle de T··· & Justine la soutinrent dans leurs bras. Elle sentit combien il était important de ne pas faire d'éclat: le Domestique eut ordre de ne se montrer à son jeune Maître qu'après en avoir reçu la permission de monsieur le Comte. Ensuite elle prescrivit à Justine la conduite

qu'elle

qu'elle devait tenir, & la laiſſa pour obſerver les mouvemens de ſon fils. Après avoir pourvu à tout, elle gagna la ſalle où ſon père & ſon époux étaient encore. Le cartel les ſurprit & les affligea. Mais ce qu'ils virent de plus preſſé, fut de calmer les inquiétudes de la Comteſſe & d'Hélène, en prenant devant elles les précautions néceſſaires pour empêcher le Marquis de ſortir. Ils ſe proposèrent de prévenir le Maréchal dès le lendemain, afin d'agir de concert dans une rencontre que le préjugé rend auſſi délicate qu'importante parmi nous, & dont un père, chez les Romains, eût prévenu les ſuites en feſant batre ſon fils de verges par ſes eſclaves en plein *forum*. Ils n'avaient cependant qu'un mot à dire, pour empêcher le combat: mais ils voulaient profiter de cette occaſion, & donner à leur fils une leçon importante, qui lui inſpirât à jamais de l'horreur pour la folie des duels. Ils crurent devoir attendre que ſes premiers mouvemens fuſſent calmés, avant de lui reporter l'apel qu'il deſtinait à un homme qui ne l'offenſait pas en voyant comme lui. D'ailleurs ils enviſagèrent que la confuſion du Marquis lui ſerait plus ſalutaire, lorſqu'il ſaurait que ſon rival avait été contraint par ſon père, & que rendu à lui-même, il ſe diſpoſait à donner la main à mademoiſelle d'E··· qu'il aimait depuis longtemps.

Madame de T··· retourna dans ſon apartement avec ſa Nièce, afin de pénétrer, s'il était possible, la suite des résolutions que le Marquis prendrait. Elles l'aperçurent occupé à charger des pistolets. Il s'intérompait souvent : il levait les yeux au Ciel, marchait à grands pas, se tordait les mains, pliait les épaules, s'arrêtait, paraissait concentré en lui-même, laissait échaper des larmes; en un mot, il était dans la situation la plus violente. Il arrive souvent, dans ces crises, que les caractères vifs s'entretiennent avec eux-mêmes. Le Marquis, emporté par ses réflexions tumultueuses, comme par un torrent, pensait tout-haut : —*M'en priver*, s'écriait-il, *m'enlever mon bonheur! . . . non! plutôt . . . nous nous batrons . . . . il me tuera, peut-être : eh-bien! ce malheur est audessous de celui de voir Hélène à mon rival. . . . A quoi me servent à-présent de futiles triomphes, qu'il m'a toujours disputés, si, lorsqu'il s'agit d'un prix que tout l'univers ne vaut pas, ce rival, tant de fois terrassé, l'emporte, me le ravit!... Que va dire Hélène! que pensera-t-elle de moi! . . . . Et mon père! ma mère, ma tendre mère! . . . malheureux! comme je vais les affliger! . . . Je me hais, je me déteste, je m'abhorre. . . . Hélène! adorable Hélène! il est donc sûr à-présent que je ne serai jamais à vous!... Qui me l'eût dit, lorsque, dans nos premières années, nos cœurs, d'accord avec les vœux de nos parens, semblaient voler audevant l'un de l'autre! qui me l'eût dit, que jamais je ne serais à vous?... Ah!*

dans le desespoir que cette idée m'inspire, si je desire quelque chose, c'est d'être le vaincu... J'ai bien mérité mon malheur.... Je ne songeais plus à lui, je l'avais presqu'oublié, ce Vicomte: je le retrouve pour le haïr mille fois plus que jamais.... Lorsqu'il eut arrangé ses pistolets, ses yeux se tinrent longtemps fixés contre terre. Il prend une boîte; il l'ouvre; elle contenait un portrait; il le baise plusieurs fois en pleurant. —*Précieuse image*, s'écrie-t il, *traits enchanteurs de l'objet que je préfére à tout, hélas! qui me l'eût dit ce matin, que je ne la verrais plus!... Dans deux heures, je la quitte pour jamais! ... Imprudent!... Mais le Vicomte allait l'obtenir... elle l'aime... il a su la toucher; & moi... je volais à ma perte; je ne daignais pas la voir, m'informer d'elle, tandis qu'il la recherchait, qu'il savait lui plaire,.. que cet homme odieux m'enlevait le cœur de mon épouse!.. Ne pas la voir!... Fatal égarement! ... passions trop funestes, qui m'ont entraîné loin d'elle!.. Un malheur constant me suit... Il est aimé... Si pourtant il ne l'était pas?... Il l'a demandée, il l'obtient, &... Il a recu mon Billet... il est surpris, étonné: il ignore combien il me rend malheureux, dans le temps où je cherchais à devenir plus digne... O vertu! trompez-vous... Non, je ne puis supporter cette idée... Je ne veux plus écouter que ma Jalousie, ma rage & mon desespoir.* Il se promenait ensuite avec beaucoup de vivacité. Son visage paraissait couvert de sueur: il était dans un état à faire pitié aux plus indifférens. La Comtesse & la tendre Hélène ne purent soutenir ce spectacle déchirant, elles se retirèrent pour pleurer en liberté.

Le Marquis disposait tout pour son combat: quelques ordres qu'il avait encore à donner, l'obligèrent de sortir. Il aperçoit Justine. C'était elle-même qu'il cherchait; mais il fut surpris de la trouver presqu'à la porte de sa chambre. —Quoi! lui dit-il, si tard ici, Justine? Madame de T··· vous aurait-elle fait demander? quelqu'incommodité... —Non, monsieur. —C'est donc ma Cousine? —Non, monsieur: je me promène dans cette galerie de mon propre mouvement; quelque chose m'a rendue triste, je suis troublée, je ne saurais dormir. —Bon! de la tristesse, du trouble, vous, toujours si vive, dont l'enjoûment se communique! je ne saurais le croire: allez, ma chère Justine, le repos vous calmera. A notre âge l'on n'a pas d'inquiétudes assez fortes pour chasser le sommeil. —Cependant, monsieur, vous ne dormez pas? —Oh! c'est que j'ai certaines choses à faire; & puis... n'aurai-je pas assez le temps de dormir? Bonsoir, Justine... A propos, puisque je vous ai rencontrée, voudriez-vous me faire un plaisir? —Un plaisir!... Ah! de tout mon cœur: Quel est il? —De remettre à ma Cousine, demain à son lever, ce paquet... A son lever, vous entendez bien, ma chère Justine. —Vo:

lontiers.... Monſieur, permettrez-vous une réflexion? Mademoiſelle demeure ici; à chaque inſtant vous pouvez la voir: une commiſſion pour elle... Il me ſemble, monſieur... —Juſtine me refuſe! .. aujourd'hui!... —Aujourd'hui!... Pourquoi dites-vous, *aujourd'hui?* Ah! je ne vous refuſe pas. Mademoiſelle eſt encore chez votre mère, je vais le lui remettre ſur-le-champ. —Non, non, Juſtine, cela ne ferait pas bien; demain, c'eſt demain; à-préſent, ce ſerait me deſobliger. —Je ferai ce qu'il convient. —Ma chère Juſtine, vous lui direz,... que ce paquet renferme ce que j'eus de plus précieux; & que, lorſque je m'en prive, ce n'eſt qu'entre ſes mains qu'il doit paſſer. —Mais, monſieur, vous vous exprimez d'un ton,... d'une manière... Eh! pourquoi vous en priver? —C'eſt, ma Juſtine, que je ne puis le garder davantage. —Vous ne pouvez le garder davantage! mais pourquoi?... Vous vous troublez! que vois je, monſieur! des larmes... Tenez, je vous ſuis attachée; ſoyez ſincère avec celle qui vous doit plus que la vie: Vous ne paraiſſez pas dans un état ordinaire. Fiez-vous à votre Juſtine; dites-moi, qu'allez-vous faire? —Moi, Juſtine! rien. Mais ce langage m'étonne! —Rien, & vous ſoupirez!... Ah! monſieur, vous avez quelque deſſein. Je ſuis toute à vous; je vous aime... vous ſavez combien je vous ſuis attachée, monſieur; je vous donnerais ma vie: Mon aimable Bienfaiteur, tirez-moi de la mortelle inquiétude où vous me jetez... Ce dépôt... cet air dont vous me regardez... ce ſoupir qui vous échape... —Parlez plus bas, Juſtine; on pourrait nous entendre... Je n'ai rien... à vous confier, je le répète.... Je ſortirai du matin, ſuivant mon uſage; profitez de mon abſence, pour remettre ce paquet. Adieu; rentrez; & demain, ne m'oubliez pas—. Juſtine ſe retira. Le Marquis deſcendit, pour dire qu'on tînt ſes chevaux prêts dès trois heures; ce qui ne parut pas extraordinaire; puiſqu'il arrivait ſouvent que le Comte&lui ſortaient ainſi dès l'aube du jour, pour jouir de la beauté du matin, & reſpirer à la campagne l'air parfumé de fleurs, avant que le ſoleil les eût flétries. Enſuite il rentra; ſe jeta tout habillé ſur ſon lit, afin de ne pas manquer l'heure. Il ne ſoupçonnait pas que rien dût empêcher, ou retarder ſa ſortie.

Tandis que le Marquis était deſcendu Juſtine porta le paquet dont il l'avait chargée, à mademoiſelle de T···, qui était avec ſa Tante. Elles l'ouvrirent avec un trouble inexprimable: il contenait un portrait d'Hélène, extrêmement reſſemblant, & ce Billet.

PRÈT à m'éloigner, mademoiſelle, j'ai prié Juſtine de remettre ce portrait entre vos mains. Il eſt mon ouvrage: le temps que j'ai mis à rendre vos attraits, fut le plus heureux de ma vie. *LE MARQUIS DE T···.*

Lorſqu'on eût communiqué ce Billet au

Comte de T···, il comprit que le déguisement ne serait plus de saison le lendemain avec le Marquis, puisqu'il ne pourrait plus douter qu'on ne fût instruit. Il changea donc son plan de conduite : après avoir communiqué ses nouvelles résolutions à son épouse & à sa nièce, il les pria de prendre quelque repos, en attendant l'heure où le Marquis se disposerait à sortir. Pour lui, il se livra seul au torrent d'idées inquiétantes qui l'occupaient.

Henriette & la jeune Hélène n'étaient pas plus tranquilles : plusieurs fois elles jetèrent les yeux sur le Marquis ; mais les mouvemens qui l'agitaient de temps-en-temps, leur parurent si violens, qu'elles ne purent en soutenir la vue. Cependant elles étaient flatées de cette vive passion, dont il donnait à tout moment des marques pour sa cousine. L'espérance du bonheur le plus doux brillait dans leurs cœurs au milieu de cette affreuse tempête.

La fin d'une nuit si pleine de trouble était impatiemment desirée; enfin elle s'écoula, & le Marquis crut toucher à l'instant, où il pourrait s'échaper sans être remarqué. Muni de ses armes, en habit de campagne, il s'apprête à sortir. Le Comte son père l'avait précédé dans la cour. —Je n'ai pu dormir, lui dit-il, mon fils; & vous voyez que je me disposais à sortir plus matin que de coutume : je vous vois prêt à en faire autant; nous nous tiendrons compagnie—. En même temps il appela deux de ses gens, & l'Émule du Marquis, en leur disant de prendre aussi des chevaux, & de les suivre. Le Marquis, déconcerté, ne pouvait cacher son trouble. Cependant il tâcha de se remettre, se promettant bien de s'éloigner, dès qu'il serait en pleine campagne. Ils sortent: le Comte prend la route du bois de Boulogne, & retient toujours son fils à ses côtés; il gagne précisément le sentier du rendez-vous: là, il met piéd-à-terre, & dit au Marquis d'en faire autant; alors le Comte renvoie ses gens; puis, sans parler, il se coûvre, met l'épée à la main, en disant: —Monsieur, si vous avez la fureur de vous battre, j'aime mieux mourir de votre main que de douleur; j'aurai du-moins sauvé le fils de mon ami: défendez-vous, monsieur. Le Marquis pétrifié, tombe aux genoux de son père: —Non-seulement la vie, s'écrie-t-il, mais l'honneur! —O mon fils! vous ne refusez pas le crîme, mais la manière—... Dans cet instant, trois personnes que le Marquis était bien éloigné d'attendre, s'offrent à sa vue. La Comtesse s'avançait la première, M. de V·· la suivait, & conduisait Hélène par la main. A la vue de toute une famille si chère, le Marquis pensa mourir de douleur & de honte. Son ayeul tenait le Billet que Justine avait remis à mademoiselle de T···: ce fut lui qui prit la parole: —Qui vous retient, monsieur, lui dit-il? cet adversaire est digne de vous, & je vous amène trois autres victimes... —Monsieur! s'écrie le Marquis, ô monsieur, ôtez, ôtez cette image—! Alors le respectable Vieillard laissant couler des larmes qui cherchaient à s'échapper, s'écrie à son tour : —*Ingrat! de quel droit vous prépariez-vous à plonger dans le deuil toute votre famille? Soumis encore aux ordres de vos parens & aux miens, ôsez-vous disposer sans leur aveu, de l'unique héritier de leur nom? Répondez, monsieur: nous sommes prêts à céder à vos raisons, si vous pouvez en alléguer d'assez fortes, pour qu'elles vous dispensent d'observer les loix de votre patrie, de l'obéissance au Chef de la Société, & du respect, de la considération, de la tendresse, de la reconnaissance que vous devez à des parens qui vous chérissent?... Vous gardez le silence,* ajouta-t-il au bout d'un moment! *Ah! monsieur, il vaudrait mieux cent-fois que vous vous fussiez déja battu, que d'en avoir eu la pensée pour un sujet qui ne le mériterait pas. Jeune insensé! qui provoquez un homme sur des apparences peut-être trompeuses; que vous a fait toute cette famille illustre qui nous honore du nom d'amis, pour troubler sa tranquillité, lui enlever son appui, son unique espérance? Il n'est donc rien de sacré pour toi, ô fureur des duels! frénésie inconcevable, si tous les jours nous n'en avions des exemples. Déplorable aveuglement des hommes de la partie du monde la plus éclairée, restes de la barbarie des Wandales & des Goths, jusques à quand deshonorerez-*

vous ma patrie (*)*!... Voila, monsieur,* (*& ceci doit vous surprendre*) *voila le cartel que*

(*) *Philippe de Valois*, par un Édit solennel, accorde à la Noblesse de son Royaume, le droit de se venger par les armes, ou de soutenir par cette voie la querelle des autres. *Louis vj* permet de venger les injures par le duel. *Philipe-le-Bel* l'autorise par un règlement. Le Pape *Nicolas j* regardait le duel comme un combat légitime. *Pierre le Chantre* rapporte que le Pape *Eugène iij*, consulté sur ces combats, répondit qu'il falait continuer d'agir suivant l'ancienne coutume. Que prouve tout cela? sinon qu'il y eut des tems où l'esprit de vertige s'était emparé de tous les états. Dans ces temps malheureux tout était barbare, jusqu'aux Pères des peuples, & aux Pontifes d'une Religion qui défend de rendre le mal pour le mal. Mais ces Princes & ces Papes n'ont point établi l'abus; la véritable origine des duels vient de ces hordes de barbares, qui démembrèrent l'empire Romain. Ces peuples tenaient eux-mêmes cette coutume de leurs ancêtres; leur Jurisprudence était toute militaire, & les armes leur servaient de raisons. On pourrait néanmoins dire que le duel est le plus ancien des abus. La plus haute antiquité en fournit des exemples, qui ne manquèrent jamais d'imitateurs: tandis que le combat d'Éloquence d'Ajax & d'Ulysse, si digne d'être admiré, de notre temps sur-tout, reste unique dans les Fastes du monde.

La France est l'azile des sciences & des beaux-arts; le séjour de la politesse & de l'urbanité, en un mot, le plus heureux pays du monde: la sagesse de son gouvernement la rend comparable à Athènes durant la paix; à Rome pendant la guerre; (c'est le jugement que porte *Machiavel* du Gouvernement Français) quelquefois battue, mais toujours audessus des revers: c'est trop d'avantages réunies, l'ignominie des combats singuliers devait apparemment consoler le reste de l'Univers de la supériorité en tout genre qu'ont ces heureux climats.

vous fesiez porter au Vicomte de Th··. Je vous le rends. Vous pouvez l'envoyer, personne ne s'y opposera ; nous cessons de nous intéresser à vous, si tout ce que votre père a fait, & ce que je viens de dire ne vous touchent pas—. Monsieur de V·· se tut, & le Marquis gardait toujours un profond silence. Que dire, lorsque tout le condannait? Sa mère, emportée par sa tendresse, alla l'embrasser: Hélène le conjurait de ne pas les affliger tous. Alors le Comte de T··· prit la parole : —*Je ne vous demande plus, mon fils*, dit-il, *l'origine de votre démêlé avec le Vicomte : vous paraissez avoir honte de nous l'avouer, & c'en est assez pour que je craigne de l'entendre. Nous avons été assez heureux, pour que vous ne fussiez pas doublement deshonoré, par l'accusation d'une querelle injuste, & par la desobéissance aux loix.... O mon fils, ! si tes parens n'eussent pas veillé sur toi, c'en était donc fait : ils perdaient vingt années de peines & de soins, le plus cher objet de leur attachement ; & toi, ton innocence & ton bonheur! Mon cher Marquis (car enfin je ne puis retenir les marques de ma tendresse) tes passions sont trop vives : « Celui qui ne sait pas en modérer l'ardeur, » s'il est encore vertueux, risque à chaque instant de cesser de l'être». Je veux exercer dans cette occasion mon autorité toute entière : tu n'en as jamais senti le poids ; tu fus toujours libre, & tu vas l'être encore : mais je te dé-*

ſens, de jamais expoſer de la ſorte, une vie qui doit être conſacrée à l'État, & à nous conſoler dans notre vieilleſſe. Je te crairais deshonoré, indigne de ma tendreſſe & de porter mon nom, ſi tu te préſentais devant moi, ſouillé de quelqu'une de ces abominables victoires, où tes mains ſeraient teintes du ſang de ton concitoyen, que dis-je! du ſang d'un ami (*). *Et voici comme je traiterais mon fils, ſi je ne voyais plus en lui qu'un meurtrier : je renoncerais pour mon ſang celui qui n'aurait pas reſpecté les loix de la nature & de ſon pays : je le deshériterais, & le bannirais à jamais de ma préſence. Dieu tout-puiſſant, reçois le ſerment que j'en fais ; c'eſt par ton nom redoutable que je le jure..... Il eſt prononcé, mon cher Marquis ; c'eſt à vous à ne pas me faire mourir de douleur d'avoir à accomplir cet épouvantable ſerment.*

(*) Un charmant Auteur, également recommandable par l'élégance de ſon ſtyle & l'honnêteté de ſes ſentimens, a écrit : *Lorſque vous eûtes querelle avec le Chevalier Sternill, c'était un homme qui, dans un moment de délire, vous avait inſulté ; il reconnaiſſait ſa faute, il l'avouait, il offrait de vous faire toutes les réparations qui étaient en ſon pouvoir, vous ſaviez qu'il vous aimait ; cependant vous refuſâtes de l'entendre ; rien ne put vous faire conſentir à un accommodement ; & pour un geſte douteux, un mot échapé dans la chaleur d'une folle diſpute, vous étendîtes mort à vos pieds, celui que vous aviez cent fois nommé votre ami : quelqu'un blâma-t-il votre inflexibilité?* (*Lettres de Mylady Catesby, xv.*) Voila comme on penſe, mais ce n'eſt pas ainſi qu'on doit penſer. Ce Carlile & ſes pareils, ſont des monſtres plus féroces que ceux des déſerts de l'Afrique & du Nouveau-monde.

En achevant ces mots, monsieur de T··· remonte à cheval; monsieur de V·· l'imite: la Comtesse & sa Nièce demeurèrent seules avec le Marquis. —Mon fils, lui dit alors Henriette, ce sens-froid terrible de votre père me trouble & m'effraie. Mon ami, si vous m'aimez encore,... si votre Cousine vous est chère—... Le Marquis l'intérompit, & prenant sa main qu'il pressa de ses lèvres, —Que je suis malheureux—, s'écrie-t-il! Il gémit, il soupira, mais il jura d'obéir à son père. —J'ai cru voir un Dieu, ajouta-t-il; je me suis senti pénétré d'une respectueuse frayeur, lorqu'il m'a parlé: ô madame! ô ma mère! jamais, non jamais ce fils que vous aimez, & qui vous adore, ne se reprochera d'avoir creusé votre tombeau—. Madame de T···, tranquillisée, était trop sensible, pour ne pas montrer toute sa tendresse à son fils. Mais elle suivit les ordres de son époux, & ne parut pas instruite des sentimens du Marquis; elle ne voulut pas le détromper au sujet de son rival. Hélène fit observer à sa Tante, que monsieur de V·· & monsieur de T··· étaient déja loin: la Comtesse, qui sentit le sujet des craintes de sa Nièce, se hâta de regagner sa voiture, où elle fit placer le Marquis entr'elle & mademoiselle de T··.

Une réflexion fort naturelle se présente ici: Ce n'est pas en aimant ses enfans, même avec une sorte d'excès (s'il peut y en avoir dans un sentiment si légitime) qu'on manque leur éducation ; c'eſt la faibleſſe, la puſillanimité, l'inſuffiſance des parens qui gâte tout. Lorſque vous voyez le mal, tolérez, en eſſaiyant de ramener vos enfans par la donceur; car on doit toujours l'employer de préférence, quand la ſévérité produirait un effet plus prompt : Mais ſi les ſuites de l'action de votre fils ſont de nature à ne ſe réparer que difficilement, ou point-du-tout, tonnez alors; ſervez-vous de votre autorité: ces grands coups ne doivent ſe frapper qu'une ou deux fois dans la vie. Vos enfans, accoutumés à être careſſés, ſeront atterrés d'un regard foudroyant: mais il faut n'avoir été que tendre, & non pas familier; s'être fait chérir, aimer, & non pas s'être avili. Le Comte menace ici pour la première fois; il eſt écouté: Si des pour des riens, il en eût déja fait autant, il aurait échoué dans cette occaſion déciſive, & ſon autorité mépriſée occaſionait des regrets déchirans, mais inutiles.

Les Dames & le Marquis ſe dirent peu de choſes en chemin; & lorſqu'ils furent arrivés, la converſation commençait à peine à ſe renouer, que l'on vint annoncer une viſite, qui ſurprit agréablement mademoiſelle de T···; c'était ſon amie, Léonore d'E···, qui, après un abſence de ſix mois, était arrivée de la veille. Cette Demoiſelle s'était fait conduire dès le ſoir même au Couvent de la ſœur Sainte-Th····: la bonne Religieuſe lui apprit que mademoiſelle de T··· était chez ſes parens, & l'empêcha de voir sœur Amélie, dont la conduite était étrange. Ainsi malgré son empressement, elle fut obligée d'attendre au lendemain. Madame & mademoiselle de T··· laissèrent le Marquis pour aller la recevoir. Il me serait impossible de peindre la satisfaction de ces deux charmantes personnes en se revoyant. Léonore assura son amie qu'elles ne se quitteraient plus. Elle lui confia qu'elle n était revenue que par l'ordre de ses parens, & sur les instances du Maréchal, qui la desirait pour bellefille aussi vivement depuis quelques jours, qu'il avait d'abord montré d'opposition. Elle fit en riant quelques reproches à Hélène, de lui avoir enlevé son amant. Mademoiselle de T··· n'aurait pas eu de peine à s'excuser; mais lorsqu'elle voulut le faire, Léonore, que le Vicomte avait instruite, avoua qu'elle savait tout. Madame de T···, l'intérompit en lui disant qu'elle ignorait encore quelque chose. Alors elle lui apprit ce que la modestie d'Hélène ne lui eût pas permis de dire. Henriette, dans cette confidence, laissa voir toute la joie qu'elle ressentait de l'union assurée de ses chers enfans. La manière dont elle s'exprima fut si obligeante pour Hélène, que cette aimable fille ne put témoigner sa sensibilité que par des caresses. Elle ajouta, que les sentimens du Maréchal leur étaient connus, & si dignes de cet honnête-homme, qu'elle ne remettrait pas à lui en faire part, afin d'augmenter sa considération pour lui. La-dessus elle raconta tout ce que monsieur de Th·· avait dit à messieurs de T··· & de V··. Ensuite la Comtesse & sa Nièce pressèrent Léonore de passer avec elles une partie de la journée : leurs instances furent si vives, qu'elles ne put s'en défendre ; quoiqu' elle se doutât bien que son amant l'attendrait à l'hôtel d'E··· : mais Henriette savait que le Vicomte lui pardonnerait facilement un retard de quelques heures, qui devait lui procurer le plaisir d'entretenir mademoiselle d'E··· avec plus de liberté, puisque le Maréchal & son fils dînaient à l'hôtel de T···. La Comtesse n'en dit pourtant rien dans ce moment à Léonore, qu'elle crut devoir laisser avec Hélène, pour leur donner une entière liberté de se faire leurs petites confidences.

Les deux amies traitèrent une matière neuve pour elles ; car jusqu'alors, quoique Léonore eût un amant aimé, elle avait respecté l'innocence de sa compagne, & ne l'avait entretenue que de cette amitié, trop vive peut être, dont Amélie avait abusé. Jeunes-personnes, cette réserve est rare parmi vous. Vos cœurs sensibles cherchent à s'épancher. Écoutez la leçon que cet exemple vous donne : Ce n'est pas un crime d'aimer l'objet que la Nature a formé pour vous ; mais c'en est un d'enflâmer le cœur de votre compagne, par le récit intéressant de ce que vous sentez; son âme amollie & devenue sensible sans objet fixe, se livrera sans examen au premier amant, & peut-être ce choix précipité lui préparera d'éternels regrets. Il arrive quelquefois aussi que votre confidente devient votre rivale, & vous punit de votre indiscrétion en rendant votre amant infidèle. Mais revenons au Marquis.

Il était resté seul : abandonné à ses réflexions, il repassa dans son esprit tout ce qui venait d'arriver. Il était de ces braves qui craignent le danger, parce qu'ils le connaissent ; mais qui savent y voler comme s'ils ne le voyaient pas. En s'examinant, durant le calme des passions, il fut charmé d'être débarassé d'une fâcheuse affaire, & que le Vicomte n'eût pas reçu le défi. Il devint assez raisonnable, pour ne lui plus faire un crîme d'avoir aimé mademoiselle de T***. Il réfléchit sur l'injuste haîne qu'il avait toujours eue pour cet estimable jeune-homme ; il en rougit. Mais en-même-temps il se rappela avec complaisance qu'il l'avait toujours emporté sur le Vicomte. —Tâchons de plaire, se disait-il, c'est-là la seule manière sensée de disputer un cœur. Mes parens m'aiment.... Ah si j'en pouvais douter, ce qui vient de se passer ne m'en convaincrait-il pas ?... ils m'aiment : j'obtiendrai qu'ils diffèrent une union qui me réduirait au desespoir : j'instruirai ma cousine de mon amour : Hélène est généreuse : elle se rappellera que nous fumes destinés l'un pour l'autre ; que son père le desirait : oui, je ne sais quoi me dit au fond de mon cœur que je la toucherai.... Quelle folie j'étais ſur le point de commettre! j'allais m'ôter juſqu'à l'eſpérance—. C'eſt ainſi que la ſage conduite de monſieur de T··· amenait ſon fils à l'obéiſſance à ſes ordres, lors même, que l'offenſe prétendue de ſon rival ſubſiſtait encore: il fut épouvanté de l'action & des menaces de ſon père: le tableau qu'avait fait ſon ayeul, ſe retraçait à tout moment à ſes yeux: mais ſurtout les tendres careſſes de ſa mère touchaient ſon cœur, & feſaient couler ſes larmes.

Il était dans ces réſolutions, lorſqu'il paſſa dans l'apartement de ſa mère. Il ne s'attendait pas à y trouver une ſœur de madame de J··. La converſation fut générale; & ſi l'on parla du Vicomte, ce ne fut que pour apprendre à Léonore qu'on l'attendait à dîner avec monſieur le Maréchal. Mademoiſelle de T··· dit quelque choſe à l'oreille de ſon amie & de la Comteſſe. Léonore rougiſſait en l'écoutant: puis regardant Hélène, elle ſourit, & lui dit tout-haut qu'elle ferait tout ce qu'elle voudrait. Le Marquis était inquiet, & n'ôſait s'expliquer: une penſée s'offrait à ſon eſprit; mais pour en être flaté, il aurait falu qu'il n'eût pas encore revu ſa couſine. Cependant mademoiſelle d'E···, durant tout le temps qu'elle reſta avec Hélène, diſait au Marquis les choſes les plus honnêtes & les plus flateuſes: il y répondait, mais ſes yeux ſe fixaient ſur Hélène.

Quelque temps avant que le Maréchal & le Vicomte de Th·· arrivaſſent, la Comteſſe prit ſon fils en particulier, pour connaître ſes diſpoſitions à leur égard. Le Marquis aſſura ſa mère qu'il les verrait ſans peine. Lorſqu'on les annonça, Léonore diſparut tout-à-coup. Mademoiſelle de T···, par le conſeil de ſa Tante, accorda un moment d'entretien au jeune de Th··. Hélène le remercia d'abord de l'honneur qu'il avait voulu lui faire; enſuite elle lui demanda ſon amitié pour ſon couſin, & ne fit pas difficulté de lui dévoîler elle-même avec franchiſe l'état de ſon propre cœur. Le Vicomte reçut cette marque de confiance d'une manière digne de ſa vertu. Il avait déja repris ſes premières chaînes, & dans ce moment, ſon cœur était à Léonore: cependant il ſoupira, lorſqu'Hélène lui dit: —*Vous ſerez, monſieur, après mon époux, l'homme à qui je devrai le plus de reconnaiſſance & d'amitié; je m'en ferai un devoir toute ma vie*—. Il garda le ſilence pendant quelques inſtans. —Madame, reprit-il enfin, ſi je vous étais mieux connu, vous me mépriſeriez; ce traitement ferait juſte, & digne d'un infidèle—. Hélène allait l'intéroger, lorſque madame de T··· vint les joindre, comme ſa Nièce l'en avait priée. Cette Dame qui trouvait à monſieur de Th·· l'air abbatu, préſuma que peut-être quelques reproches de la part d'Hélène en étaient cauſe: elle ſavait que les jeunes-perſonnes n'entendent pas raillerie ſur la fidélité, & qu'elles ne ménagent guères un inconſtant qui ſe met à leur discrétion : elle lui parla d'un air de bonté qui le toucha vivement. —Madame, lui dit-il, je ne mérite pas ces égards que vous me marquez : j'aimais, & pourtant je trahissais la plus tendre des filles... Mais que ne peut la beauté séduisante de mademoiselle de T...! J'étais fidèle, & je me prometrais de l'être jusqu'à la mort, avant de l'avoir vue. La constance qu'elle-même vient de témoigner pour l'heureux Marquis, me fait sentir tout le prix de celle que m'a conservée mademoiselle d'E···. Cette jeune-personne, ainsi que mademoiselle de T···, est ce qu'on peut voir de plus parfait dans la Nature ; elle s'immolait elle-même à mon bonheur, en feignant de me fuir. Comme vous, madame, ajouta-t-il en s'adressant à Hélène, elle unit à la vertu, à la beauté, l'âme la plus tendre : Sans vous, madame, j'eusse été incapable de la trahir ; & même encore, en lui rendant mon cœur & toute ma tendresse, je ne puis rougir de mon inconstance—. On allait se mettre à table : madame de T··· pria le Vicomte de la suivre après le dîner dans son cabinet, & de leur faire le récit de ses amours. Elle lui dit en-même-temps, qu'après l'avoir entendu, elle ne doutait pas qu'il ne leur rendît cette charmante Léonore infiniment chère. Hélène sourit en regardant sa Tante. Le Vicomte prit un air de satisfaction, en les assurant que sa maitresse était digne de leur amitié.

Mademoiselle de T···, aulieu de se rendre

dans la ſalle où tout le monde était aſſemblé rentra dans l'appartement de ſa Tante, pour tenir compagnie à Léonore, deſorte qu'elle ne parut point à dîner; lorſqu'on la demanda, la Comteſſe fit ſes excuſes, & raſſura le Marquis, que l'abſence de ſa couſine inquiétait.

Dès qu'on eut quitté la table, le Vicomte fit reſſouvenir madame de T···, qu'elle lui avait promis d'entendre ſon Hiſtoire. La Comteſſe le conduiſit dans ſon cabinet, & fit avertir Hélène. En la revoyant, le Vicomte crut effectivement s'apercevoir qu'elle avait les yeux fatigués, & penſa qu'elle était indiſpoſée; il montra beaucoup de ſenſibilité pour cette belle perſonne, & la plaignit d'un ton ſi pénétré, qu'elle ne put s'empêcher de ſourire, en ſe retournant vers une porte vîtrée qui donnait dans la pièce d'où elle ſortait. On fit placer le Vicomte tout-auprès de cette porte; & lorſque les Dames furent diſpoſées à lui prêter leur attention, il commença le Récit qu'elles attendaient, en ces termes:

Suite de l'HISTOIRE du VICOMTE de TH··· & de LÉONORE D'E···.

«Vous connaiſſez, madame, le Baron & la Barone d'E··· : ces deux époux ont toujours vécu dans une union & une bonne intelligence, qui devraient ſervir de modèle: leurs maiſons, qui ſont anciennes, jouiſſent égaſement de la conſidération que la vertu & des emplois honorables ajoutent à la Nobleſſe. Madame d'E··· eſt de la maiſon de P···: à en juger par les attraits qui lui reſtent, elle a été belle ; les deux époux, aſſortis pour le caractère & par l'amour, ſe chériſſent encore: quatre filles, aimables comme leur mère, ſont le fruit de leur tendreſſe. Léonore eſt la troiſième : Juliette, la ſeconde, à préſent madame la Comteſſe de J··, eſt toute belle : Adelaïde l'aînée, eſt touchante ; mais il lui faudrait plus de vivacité : Suzette, la quatrième, eſt un petit lutin ; ſon minois ſéduiſant & ſes yeux pleins de feu, doivent la rendre aujourd'hui très-dangereuſe pour quiconque veut conſerver ſa liberté.

Léonore ſortait du couvent, & n'avait pas dixſept ans, lorſque je la vis pour la première fois : elle était avec ſes ſœurs chés la vieille Marquiſe de J··, où je devais dîner. Juliette m'éblouit : l'air tendre d'Adelaïde m'intéreſſait : Suzette allait cependant emporter la balance, quoiqu'encore enfant (elle n'avait que douze ans) lorſque Léonore ſortit d'une pièce voiſine. Il m'eſt également impoſſible de vous dire ce que ſa préſence me fit éprouver, & de peindre ſes grâces, ſes attraits, tout ce qu'elle avait de ſéduiſant. Repréſentez-vous, meſdames, une de ces jeunes-perſonnes, dont la phyſionomie offre un mélange de douceur, d'innocence & de majeſté ; un de ces minois qui ſemblent attirer nos regards malgré nous, parce qu'ils ne sont pas *un* comme la laideur ou la beauté : on veut définir ce qui plaît en eux ; on redouble d'attention, & toujours ils gagnent à l'examen : les sourcils de Léonore ne sont pas tout-à-fait noirs, mais ils sont pleins & bien arqués ; sont front est ouvert ; ses yeux ont plus de vivacité que de langueur : sa bouche mignone laisse entrevoir, lorsqu'elle sourit, les plus belles dents du monde : elle est d'une blancheur éblouissante ; elle a la main parfaitement belle, & sa gorge est le berceau de l'Amour : Léonore est faite comme mademoiselle de T···, & presqu'aussi grande ; elle n'est point belle, mais elle est si jolie, si mignone, qu'elle l'emporterait sur la beauté même. Dès qu'elle eut paru, je ne vis plus qu'elle : je desirai qu'elle parlât ; un son de voix harmonieux, intéressant répondit à la douceur de ses traits. [*Mademoiselle de T··· regarda sa Tante, à ce portrait : elles y applaudirent, en se parlant à l'oreille : le Vicomte feignit de ne pas le remarquer, & continua*]. Ce que je ressentis pour Léonore était surement de l'amour : je ne m'en aperçus pas d'abord, quoique je connusse cette passion. Cependant je desirais ardemment de la revoir ; mais ce qui me fesait présumer que j'étais encore libre, c'est que je conservai le même goût pour les amusemens ; mon cœur s'ouvrait, comme auparavant, au plaisir de regarder une Belle ; & je savais que l'amour rend insensible pour tout ce qui n'est pas l'objet aimé.

Quelques mois s'écoulèrent, durant lesquels je vis souvent mademoiselle d'E**: mais cette gaîté, symptôme d'une liberté que j'avais perdue, s'évanouissait insensiblement; je devenais rêveur; j'éprouvai que son absence me causait un mal-aise inexplicable; que tout m'ennuyait loin d'elle: je me demandai pour-lors à moi-même, ce qui m'affligeait? Léonore se présentait à mon imagination, parée de tous ses attraits; & je sentais mon cœur tressaillir. J'attendais avec impatience le moment où nous irions chez la Marquise de J**; & ces jours-là, j'étais d'une joie, d'un empressement que je peindrais mal: tout le contraire arrivait lorsque j'en sortais, le temps avait toujours coulé trop vîte. C'est ainsi que je m'accoutumais à l'aimer, sans presque m'en apercevoir. Mademoiselle d'E** lut plutôt que moi-même au fond de mon âme: elle m'a depuis assuré que sa conquête la flata; mais elle résolut de ne se la conserver que par beaucoup de réserve.

Nous n'allions que le jeudi chés la Marquise de J**, le seul jour auquel cette Dame vît du monde; & je n'avais pas encore manqué d'y rencontrer Léonore, dont la vue m'était devenue nécessaire: car ma passion craissant de plus-en-plus, je ne connaissais d'autre plaisir que celui de la voir, ou de l'espérer. Un de ces jours d'assemblée, je courus chés madame de J·· beaucoup plutôt que de coutume ; mesdemoiselles d'E··· parurent presque dans le même instant : lorsqu'on les annonça, le cœur me battit avec force ; mais cet état délicieux & pénible, que cause l'attente d'un bien qu'on est sur-le-point de posséder, fut de courte durée. Léonore n'était pas avec ses sœurs. Que d'idées confuses me passèrent dans l'esprit ! Tantôt je crayais, quoique sans la moindre apparence, qu'un rival heureux était à ses genoux : un instant après, je m'imaginais qu'ayant remarqué mon empressement, il avait peut-être déplu. Mais si elle était malade, me dis je ensuite ? cette pensée m'effraiya, & me fit connaître combien mademoiselle d'E·· m'était chère. Je m'approchai d'Adelaïde, pour lui demander pourquoi nous n'avions pas le bonheur de voir Léonore ; & je lui fis cette question en rougissant. Elle me répondit, sans paraître avoir remarqué mon trouble, qu'un petit mal de tête, un rien, avait retenu sa sœur à la maison. Après quelques momens d'entretien sur des choses indifférentes, j'allai rêver dans le jardin. J'avais le cœur gros de soupirs. Ce n'était pas la maladie de Léonore qui m'affligeait : je voyais bien par la réponse de sa sœur, qu'elle n'était pas considérable. Mais je me dis à moi-même : —Si son cœur était comme le mien, aurait-elle la cruauté de me priver du seul plaisir auquel je sois sensible ? desirerait-elle si peu de me voir ? manquer pour un mal ſi léger! ſavoir que je ſuis ici, que je ne puis la voir qu'ici, & n'être pas venue! ingrate Léonore!... Eh! voyez, je vous prie, meſdames, comme les amans ſont déraiſonnables! je voulais que cette aimable perſonne me devinât, & qu'enſuite elle ſe fît une loi de ſuivre mes goûts, & de prévenir mes deſirs.

Je fus ce jour-là d'un ſombre qui frappa d'autant plus, qu'ordinairement la préſence de Léonore m'inſpirait cette aimable gaîté, qui, dans la ſociété, fait que l'on paſſe pour amuſant. Adelaïde m'obſervait. Elle aimait tendrement ſa ſœur, qui, de ſon côté, n'avait rien de caché pour elle. C'était dans le ſein de Léonore qu'Adelaïde dépoſa ſes chagrins, lors de l'infidélité du Comte de Q··, qui s'eſt deshonoré lui-même, en manquant de foi à une jeune-perſonnne, charmante, honnête, vertueuſe & ſon égale, pour s'attacher à la F··, femme d'une naiſſance ignoble, aſſez jolie, ſupérieurement coquette, & dont la décence n'a pas toujours règlé les actions. On vient de m'apprendre que, quoiqu'elle l'ait déja quitté deux fois, il va pouſſer l'oubli de ce qu'il ſe doit, juſqu'à l'épouſer. Il faut vous apprendre, madame, comment elle a ſu le captiver: la digreſſion ſera courte.

Tout le mérite de la F·· conſiſte à ſavoir s'évanouir à-propos. Un jour que le Comte de Q··, dont les inclinations ne furent jamais relevées, vous le ſavez, madame, célébrait de bruyantes orgyes chés une des *coteries* de ſa maitreſſe, en voulant faire de ces tours-de-force, qui donneraient du relief à un portefaix, il eut le malheur de tomber ſi mal-adraitement, qu'on le crut dangereuſement bleſſé. La F··, qui voyait M. de Q·· pour la ſeconde fois, fit un cri perçant, & s'évanouit avec le plus d'appareil qu'il lui fut poſſible : & pour qu'on ne doutât point du ſujet qui l'avait ſi prodigieuſement affectée, en revenant à elle, ſon premier ſoin fut de demander comment ſe trouvait monſieur le Comte. Il ſemble que ce ſoit le ſort de ces hommes pour qui rien n'eſt ſacré, qui toute leur vie ſe ſont fait un jeu de tendre des piéges à l'honneur des autres, d'être dupés à leur tour le plus groſſièrement du monde, par une femme plus que coquette. La farce que la F· venait de jouer ſéduiſit de Q··, il ſe crut adoré : toutes les infidélités qu'elle lui fait journellement n'ont encore pu le guérir ; & c'eſt de ſa perſonne & de ſa main qu'il va payer le tendre intérêt qu'elle parut prendre à ſa conſervation : à la vérité le don vaut à peine qu'on en parle. Mais Adelaïde l'aimait lorſqu'il la quitta ; elle l'avait longtemps conſidéré comme l'époux auquel ſes parens lui avaient ordonné de s'attacher, elle ignorait ſes travers, il était charmant, & n'avait paru que trop tendre ; elle lui fit l'honneur de le regretter.

A dîner, Adelaïde m'adreſſa pluſieurs fois

la parole, pour me distraire de la rêverie où je tombais à-tout-moment: & lorsqu'on eut quitté la table, elle me pria de lui donner la main, pour faire un tour dans un petit bois qui termine le jardin de l'hôtel de J··. Mon cœur était trop plein, pour ne pas chercher à se soulager. C'est ce qu'elle avait prévu. Dès que nous fumes à quelque distance de ses sœurs, je répétai la même question précisément que j'avais déja faite lors de son arrivée: *Pourquoi n'avions-nous pas le bonheur de voir Léonore?* Elle me répondit aussi précisément la même chose, & la conversation tomba. Nous marchames quelques temps sans parler: -Je crais, mademoiselle, qu'il n'y a pas à craindre que sa maladie devienne sérieuse? —Oh! non, monsieur—. Et nous nous taisons encore. -Léonore viendra-t-elle jeudi, mademoiselle? —Je ne sais pas, monsieur: probablement elle viendra, si elle se porte mieux; ce que j'espère. —Ah! je l'espère aussi-, repris-je vivement. Nouveau silence, qu'on avait la cruauté de ne pas intérompre, en me fesant quelqu'une de ces questions que la beauté du lieu où nous étions pouvait suggérer. De-temps-en-temps elle me regardait avec un sourire fin. Elle semblait me dire: Ouvrez-moi votre cœur; je suis prête à vous écouter. Enfin le personnage que je fesais me frappa. Je fus honteux de mes distractions, & pour les excuser, je résolus de déclarer ce que je sentais pour Léonore. Un torrent que de puiſſantes digues ont ſuſpendu longtemps au milieu des montagnes, s'échappe avec moins de violence. De quelles expreſſions je me ſervais pour peindre mon amour! Elles retracèrent à la tendre Adelaïde les momens d'une illuſion trop douce: ſes yeux étaient remplis de larmes en m'écoutant. Elle me promit de favoriſer ma tendreſſe pour ſa ſœur, pourvu qu'elle pût auparavant s'aſſurer de ma conſtance. Je voulus me lier par des ſermens; elle m'en empêcha: —Laiſſez ces frêles aſſurances à la perfidie, me dit-elle, c'eſt votre conduite, & non de vaines paroles, qui me fera connaître la ſolidité de vos réſolutions.

Je me trouvai ſoulagé après cette confidence: jamais il n'en fut de mieux placée. Juliette & ſa jeune ſœur prirent le change; elles me crurent épris d'Adelaïde; & comme toutes ces charmantes filles ſont parfaitement unies, elles lui firent part de leurs conjectures, & crurent devoir la féliciter. Adelaïde les remerciait en riant: mais elle n'avait rien de caché pour elles; ce fut en leur préſence, qu'elle inſtruiſit Léonore de mes ſentimens. Mademoiſelle d'E··· ne reçut qu'en tremblant l'aſſurance d'être aimée; elle leur laiſſa voir ſon ame toute entière. Comme je l'ai dit, elle m'avait pénétré: ſes diſpoſitions en ma faveur étaient telles que je le ſouhaitais dans le fond de mon cœur, & plus flateuſes mille fois que je n'euſſe ôſé l'eſpérer. Cependant elle conſulta ſes ſœurs, pour ſavoir s'il ne ſerait pas beaucoup plus à-propos de me fuir, que de s'exposer à me voir peut-être infidèle un jour. Juliette parla pour moi ; & la jeune Suzette elle-même prit mon parti avec chaleur (*). Mais Adelaïde crut devoir conseiller à sa sœur de me priver de sa présence ; de me faire essuyer des caprices, des dédains, lorsque le hazard nous conduirait dans le même lieu ; en un mot de tout employer pour me rebuter. —Je t'aime, ma chère Léonore, lui disait-elle ; je veux tâcher de te faire éviter les maux que j'ai soufferts. La constance des amans se mesure par les obstacles qu'ils ont surmontés : cette aimable franchise qui devrait les pénétrer de reconnaissance, fait quelquefois naître le dégoût. Mais ce n'est pas toujours un malheur (ajouta-t-elle en s'intérompant) de rencontrer un infidèle... Ma chère Léonore, on en est réduit à la nécessité de feindre, dans ce siècle de fer, avec ceux pour qui ce devrait être un crime d'avoir quelque chose de caché. En évitant de te livrer à tout ce que te dicte ton cœur, tu te garantiras de deux écueils éga lement dangereux : Celui de t'accoutumer aux trompeuses douceurs de l'amour ; & celui de procurer à ton Amant une sécurité qui est le poison de la tendresse—. Tandis que d'un côté, Adelaïde donnait ces avis sages à Léonore, elle

(*) L'air tranquille & doucereux du Vicomte eût convenu sans-doute à Suzette : ils eussent été d'heureux amans : mais j'ôse assurer qu'ils eussent été des époux très-mal assortis.

travaillait de l'autre, à lui attacher ſon Amant. Elle m'exhortait à ne pas me décourager; & lorſqu'elle s'apercevait que la feinte indifférence de ſa ſœur m'accablait trop, elle feſait adraitement briller au fond de mon cœur un rayon d'eſpérance (*).

Ce fut dans ce temps-là que meſdemoiſelles d'E··· & moi, nous fumes également ſurpris d'apprendre que le mariage de Juliette avec le fils de la Marquiſe de J·· était arrêté. Le Comte avait ſu gagner l'eſtime de monſieur & de madame d'E···, par un extérieur règlé. Cependant on n'ignorait pas que de Q·· tenait un rang diſtingué parmi ſes amis. Ces parens vertueux ſemblèrent s'écarter des règles de la prudence, en donnant à leur ſeconde fille un parti qui convenait mieux à l'aînée: ils firent plus; ils ne la conſultèrent pas; & huit jours furent à-peine employés aux préparatifs. Sans doute qu'ils voulurent marquer la grande confiance qu'ils avaient dans le Comte, & leurs égards pour les deſirs de la Marquiſe, qui était une femme eſtimable, leur ſincère amie, & dont la fortune était conſidérable. Cette Dame crut ramener ſon fils, que trop de molleſſe de ſa part avait depuis longtemps abandonné à lui-même, en l'uniſſant à une épouſe qui réuniſſait à la brillante jeuneſſe, les grâces, les talens & la vertu. Mais une union ſi précipitée ne fut pas

(*) Adelaïde était bien adraite, & connaiſſait le cœur humain: mais elle était l'aînée des quatre ſœurs, & elle avait aimé.

d'abord, à ce que j'ai ſu, auſſi heureuſe pour Juliette, que cette charmante perſonne le méritait. La Marquiſe n'eut pas le chagrin d'en être le témoin; elle mourut un mois après le mariage de ſon fils. Je ſais que depuis quelques temps, par un changement auſſi rare qu'ineſpéré, le Comte de J·· rend enfin juſtice à ſon épouſe, & qu'elle en eſt chérie. L'amour qu'il a pour elle eſt de ceux que je crais bien ſincères, puiſqu'il a corrigé ſes mœurs. On a donné différentes cauſes à cette heureuſe révolution; mais je ne crais pas qu'on ait trouvé la véritable, puiſque les trois ſœurs de madame la Comteſſe de J·· m'ont paru l'ignorer elles-mêmes.

Pendant les fêtes qu'occaſionnèrent les noces de madame de J··, j'eus pluſieurs fois occaſion de voir Léonore. Je voulus en profiter, pour peindre ma tendreſſe: la vigilante Adelaïde rompit toutes mes meſures; mais Léonore ſe contraignait pour me fuir, & je m'en aperçus. Plus d'une fois, quand elle avait été quelques momens ſans me voir, ſes yeux paraiſſaient me chercher; elle rougiſſait, lorſque ſes regards avaient rencontré les miens; & je crus remarquer alors que la ſatisfaction règnait ſur ſon viſage. C'en fut aſſez pour me déterminer à lui écrire, & à lui remettre moi-même mon Billet. Voici ce que me dicta la plus vive tendreſſe:

REFUSERIEZ-VOUS, belle Léonore, de partager les ſentimens que vous inſpirez? Si le plus tendre amour doit être ſans eſpérance, épargnez-moi la douleur d'entendre mon arrêt ; je ſaurai interpréter votre ſilence : mais ſi la flâme la plus pure ; une ardeur qu'a fait naître la ſincère eſtime, & que le reſpect le plus profond accompagne, ont pu vous toucher, daignez me le dire : ne privez pas votre amant d'un aveu, ſans lequel il ne ſaurait goûter de repos.... Non, madame, vous n'êtes point inſenſible : je n'en veux pour garant que mes ſentimens. Le ciel permettrait-il qu'ils fuſſent ſi vifs & ſi tendres, s'ils devaient être payés par l'injuſte indifférence ; cet état mort, l'opprobre de la nature, inconnu des belles âmes, & dont votre vue a pour jamais délivré mon cœur. Voudriez-vous, mon adorable maitreſſe, me le faire regretter cet état d'anéantiſſement dont vous m'avez tiré ? Que votre belle bouche m'annonce mon bonheur. Mille fois le jour, je pourrais vous parler, malgré les ſoins que je m'aperçois que vous prenez de m'éviter. Craignez-vous votre amant, ou le haïriez-vous ? C'eſt de vous, de vous ſeule, ma belle, ma divine Léonore, que je me flate de recevoir une réponſe : daignez me la faire vous-même, ſi vous refuſez d'accorder un moment d'entretien au

VICOMTE DE TH..

Après avoir écrit ce Billet, je n'attendis plus qu'une occaſion aſſez favorable, pour que Léonore pût le recevoir & le lire, ſans vue de ſes ſœurs. Le hazard me ſeconda;

l'on jouait; mesdemoiselles d'E··· étaient descendues dans le jardin; Léonore s'écarta, & je l'observais. Dès que je la vis entrée dans un petit bosquet, qui la dérobait aux yeux de ses sœurs, j'y volai, par une autre route. Elle venait de s'asseoir sous un berceau de chèvre-feuils, quand je l'abordai: elle lisait avec beaucoup d'attention; desorte que j'étais à ses piéds, avant qu'elle m'eût aperçu. En me voyant si près, ses belles joues se colorèrent d'une rougeur si vive, qu'elle me parut la plus brillante des fleurs de ce bosquet. Qu'elle était intéressante dans ce trouble charmant! Je la regardais, je m'enivrais en silence du plaisir de la regarder. Elle fit un mouvement pour se lever; je la retins, & lui présentai mon Billet. Elle le prit sans hésiter & le lut: mes yeux suivaient les siens; j'aurais voulu pénétrer au fond de son cœur avec la même facilité, qu'ils parcouraient les caractères que je venais de tracer. En achevant, elle laissa tomber sur moi un regard si tendre,... si... Non, je ne puis exprimer tout ce que signifiait ce charmant regard. Mon cœur palpitait; je me saisis de sa main, que je pressai de mes lèvres, avec un ardeur, qui sans doute passa jusqu'à Léonore; car elle me l'abandonna durant quelques instans. —Levez-vous, monsieur, me disait-elle avec émotion.... Je vais peut-être faire une démarche imprudente... mais il faut vous satisfaire. Vous exigez que je m'explique... je ne veux rien moins qu'être le tyran d'un cœur que vous m'aſſurez que j'ai touché... Cependant... mais je ne puis me réſoudre à vous affliger davantage: Et ſi jamais vous étiez inconſtant, j'aime mieux avoir à me reprocher de l'imprudence que de la dureté... Il n'y a qu'un inſtant, monſieur, que vous pouviez, ſans être injuſte, ceſſer de m'aimer : mon cœur ne s'était pas encore livré ſans réſerve à la douceur d'un ſentiment que je ne doute plus qui ne ſoit partagé, parce que vous me l'avez dit, & que je vous eſtime trop pour en douter... Si pourtant, comme tant d'autres, vous deviez un jour trahir l'eſpoir que vous me donnez, & que j'étais bien-loin de concevoir, j'ôſe vous promettre que je me ſens aſſez de courage pour ne point vous faire de reproches inutiles, & ne jamais vous haïr... C'en eſt fait, mon cœur ſe donne aujourd'hui, & c'eſt pour toujours—. Je ne puis vous dire, madame, tout ce que j'éprouvais, tandis que le ſon de ſa voix harmonieuſe frappa mon oreille (*): je preſſai ſa belle main tantôt contre ma bouche, & tantôt contre mon cœur; je ne pouvais trouver de termes pour lui répondre; mais mon ſilence exprimait davantage:

(*) Voila le caractère qu'il falait pour fixer le Vicomte : une fille tendre, ſincère, ingénue, ſans caprices. Jeunes Beautés, connaiſſez le caractère de vos Amans, avant d'avoir une conduite à leur égard : votre pénétration, l'inſtinct de la nature, vous apprendront là-deſſus tout ce que vous devez ſavoir.

Léonore partageait mon attendrissement ; lorsque je levai les yeux sur elle, les siens étaient inondés de larmes. —O fille divine! m'écriai-je tout-hors de moi, vous me rendez le plus heureux des hommes, & vous pleurez! Belle Léonore, ah jamais, jamais vous ne verrez un ingrat, un parjure dans votre tendre amant. [*Le Vicomte de Th·· s'intérompit ici en rougissant : ses yeux, d'abord timidedement levés sur Hélène, se couvrirent d'un nuage de larmes : Henriette lui prit la main en souriant.* —Vous êtes le seul homme, peut-être, monsieur, lui dit-elle, assez courageux pour réparer vos torts, après les avoir reconnus. Aimable Léonore, ajouta-t-elle, votre bonheur eût été moins doux, s'il n'avait été troublé! Quelle gloire! vous pouviez seule faire la félicité de votre Amant—!] —Vous ne savez pas encore, madame, continua le Vicomte, jusqu'où elle a porté la grandeur-d'âme.

Nous étions dans un état délicieux. Je venais de m'asseoir à côté de Léonore ; je la serrais doucement dans mes bras. Elle me confirmait mon bonheur, en se servant de ces expressions tendres & naïves, indices de la pureté du cœur, lorsque nous aperçumes Adelaïde qui venait à nous. Léonore courut audevant d'elle : —Ma sœur, mon aimable amie, lui dit-elle, il sait tout.... il ne sera pas un perfide ; il me l'a dit, & je le crais.... Approuve-moi, ma chère... daigne m'approuver, car pour tout au monde, je ne voudrais pas t'avoir déplu. —Puisque le mal est fait, reprit Adelaïde en riant, il faut bien le pardonner—. Puis se tournant de mon côté: —Je vous demande à présent, monsieur, quelle est la conduite que vous vous proposez de tenir—? Cette question ne m'embarrassait pas. Je lui dis, que j'allais sonder les dispositions de mon père, & que j'étais sûr d'avance qu'elles seraient favorables à mon amour: j'ajoutai que lorsque j'aurais son aveu, je l'engagerais à ne pas différer d'obtenir mon adorable Léonore de ses parens. —Et si monsieur le Maréchal avait d'autres vues, & qu'il vous ordonnât de renoncer à votre passion? —Je mourrais plutôt que de trahir Léonore, & d'en épouser une autre. —De-sorte que vous desobéiriez à votre père, pour vous conserver à votre maitresse? —Mais cela ne s'appelle pas desobéir; on évite de s'engager, parceque ce serait tromper celle qu'on épouserait sans l'aimer; on représente cela; l'on obtient du temps; on persévère, & l'on fléchit à la fin un père tendre. —C'est-à-dire, que par le renversement de tout ordre, c'est lui qui doit céder, manquer à une parole donnée, changer des vues sages... Que pense ma Sœur de cette disposition de monsieur le Vicomte—? Je vous avouerai, madame, que je ne m'attendais pas à la réponse de Léonore. —*Ne promettez pas plus que je n'exige de vous, monsieur: Je ne voudrai ja-*

mais priver un homme, que le titre de votre père me fait respecter autant... que je vous aime, du droit de disposer de son fils : vous devez être possesseur d'une grande fortune ; vous êtes l'héritier & l'unique espérance d'une maison illustre ; monsieur le Maréchal peut avoir d'autres vues : s'il commande jamais quelque chose qui soit contraire à nos vœux, obéissez ; je vous remets dès-à-présent votre parole, & je vous dégage du lien sacré qui vient d'enchaîner nos âmes. —Eh ! voila ce qu'il falait savoir, ma chère Léonore, reprit Adelaïde, avant de parler & de se livrer à l'espérance : c'était le but de ces précautions multipliées qui t'éloignaient de ton Amant. Un moment, un seul moment d'inattention les a rendues vaines :... mais ne va pas t'affliger, mon aimable Sœur, ma tendre amie, ajouta-t-elle (en voyant Léonore rougir & baisser les yeux) crais-tu que j'eusse favorisé votre tendresse, si les aparences n'étaient pas pour vous-? Je me joignis à mademoiselle d'E··· pour rendre le calme à son aimable sœur ; & je m'aperçus qu'un Amant aimé persuade toujours.

Il s'est écoulé près de deux ans, depuis notre connaissance. Pendant quelque temps les parens de Léonore semblèrent ne pas remarquer ma passion pour leur fille. Que nous étions heureux ! Nous nous crayions seuls en présence de l'estimable Adelaïde ; nous ne contraignions point nos cœurs devant elle, & nous laissions un libre cours à l'expression de notre tendresse. A l'exception des temps donnés à quelques voyages fort courts que mesdemoiselles d'E··· firent au couvent de C··, je passais tous les jours plusieurs heures avec elles chez la nouvelle Comtesse de J··, & nous attendions ainsi que monsieur le Maréchal fît une réponse favorable. Depuis que je l'avais instruit de mon amour, je profitais de toutes les occasions pour le presser de travailler à ma félicité : il remettait toujours ; mais il ne paraissait pas desapprouver mon choix ; il me parlait avec éloge de la famille & des parens de Léonore ; il ajoutait seulement que nous étions trop jeunes, & que les engagemens précoces étaient pour l'ordinaire suivis du repentir : il finissait par me déclarer qu'il ne voulait pas me lier encore. J'étais obligé de prendre patience. Mon état n'avait rien de pénible depuis que j'étais sûr d'être aimé ; ma tranquillité naturelle était revenue ; & l'agréable situation où je me trouvai n'aurait jamais cessé peut-être, si la vertueuse Adelaïde nous eût conduits jusqu'à la fin.

Ce fut moi-même qui me privai d'une Amie dont le secours m'était si nécessaire. Mais je ne saurais m'en repentir, puisque j'eus l'avantage de contribuer à sa félicité. Le Chevalier de M···, frère du Marquis, mais d'une autre mère, est mon ami dès l'enfance ; il me vit un jour aux Tuileries avec madame & mesdemoiselles d'E···. Les grâces d'Adelaïde le touchèrent ; & comme nous crayons toujours que les autres ne peuvent être épris que de l'objet qui nous captive, il demeura persuadé que c'était elle que j'aimais. Le lendemain il me rendit visite. Après quelques momens d'entretien sur des matières indifférentes, il me dit qu'une des jeunes-personnes que j'accompagnais la veille, était la plus aimable des femmes qu'il eût encore vues. —Je chercherais, ajouta-t-il, l'occasion de la connaître davantage, si je ne craignais de me rencontrer avec toi, mon cher Vicomte. —Je lui répondis que j'étais avec les quatre Sœurs, toutes quatre également faites pour charmer; que l'une d'entr'elles était mariée, qu'une autre m'était plus chère que ma vie; & je l'engageai à me designer celle qu'il préférait. Par le portrait qu'il m'en fit, il me fut aisé de comprendre que c'était Adelaïde. Mais sous prétexte de m'en assurer davantage, & dans le vrai, pour obliger le Chevalier, je lui dis que le soir je devais me trouver avec mesdemoiselles d'E···. Il m'entendit, & me proposa de se rendre au lieu que j'indiquerais, pourvu que je voulusse le présenter, comme un de mes amis. Je lui donnai rendez-vous à l'hôtel de J··, pour quatre heures. L'espérance qu'Adelaïde était celle qu'aimait le Chevalier, me causait autant de joie, que s'il se fût agi de mon bonheur & de celui de Léonore. Je me hâtai de me rendre chez le Comte de J··, où la Barone d'E··· devait dîner avec ses filles: j'y trouvai monsieur le Marquis de T···, madame, que je n'avais pas revu depuis plusieurs années : j'espérais qu'il serait des nôtres à la promenade, mais monsieur de J·· & le Comte de Saint-A·· nous l'enlevèrent, au sortir de table. Pour remplir mes vues au sujet du Chevalier de M···, je priai la Comtesse de J·· d'engager sa mère & ses sœurs à choisir la même promenade que la veille, en l'assurant qu'elle m'obligerait beaucoup. En effet, dans le dessein où j'étais de procurer à mon ami quelques momens d'entretien particulier avec Adelaïde, la foule des Tuileries qui ne pouvait manquer de nous séparer, me sembla propre à lui donner cette liberté, sans qu'Adelaïde pût s'en défendre, & que la Barone pût le remarquer. A l'heure convenue, le Chevalier arriva : il fut introduit par le Comte de J··, dont il était connu ; & je le présentai à madame & mesdemoiselles d'E··· comme un homme qui méritait leur estime. Si je n'avais eu que des conjectures sur le choix de mon ami, la manière dont il regardait Adelaïde, son attention lorsqu'elle parlait, un empressement qu'il ne pouvait modérer à s'approcher d'elle, à ne s'occuper que d'elle, les eussent bientôt changées en certitude. Lorsque nous sortimes avec les Dames, il me dit à l'oreille en passant : –Mon ami, je vais te devoir le bonheur–.

En chemin, il continua de me parler d'Alaïde : —Mademoiselle d'E··· est audessus de tout ce que m'ont dit pour elle un goût naifſant & mon imagination, me diſait-il : c'eſt la femme élue de mon cœur ; tout, juſqu'à ſon âge, plus avancé que le mien, fait qu'elle me convient davantage—. La peinture que je lui fis alors du caractère & des qualités de cette aimable perſonne, acheva de l'enchanter. Arrivés dans le jardin, j'eus ſoin d'entretenir la Barone; Léonore vint à côté de moi ; Suzette & madame de J·· nous quittèrent, pour aller faire un tour ſur la terraſſe : enfin le bonheur de monſieur de M··· & mes ſoins ſecondèrent ſi bien cet Amant, qu'il fut preſque toujours ſeul avec ſa maitreſſe. Lorſque nous eumes remis chez elles madame & meſdemoiſelles d'E··, le Chevalier me chargea de preſſentir Adelaïde à ſon ſujet, & me pria ſur tout de ne lui rien diſſimuler. Il ajouta que ſes trois Sœurs reſſemblaient aux Grâces ; mais que la belle, la modeſte Adelaïde était telle que la Vertu viendrait s'offrir aux hommes, pour inſpirer le reſpect & l'amour.

Le Chevalier venait d'être nommé Ambaſſadeur à la Cour de ** ; il n'avait que peu de temps à lui : je me hâtai de remplir ſes vues : j'en dis tant de bien à la vertueuſe Adelaïde, que je ſus la déterminer, malgré ſes craintes & une indifférence avouée. Je rendis compte auſſitôt de mes ſuccès à mon ami; je me donnais des mouvemens, j'allais, je venais, ſans faire réflexion que ſi ce mariage ſe concluait avant le départ du Chevalier pour l'Italie, je me privais d'une amie tendre, d'une confidente éclairée. Mais dans ce moment je ne voyais & ne penſais que pour elle; j'éprouvais une ſatisfaction inexprimable, de pouvoir montrer ma reconnaiſſance à l'aimable ſœur de Léonore, en lui ménageant l'alliance d'un auſſi honête-homme que le Chevalier de M···. Cet Amant fut heureux plutôt qu'il ne l'eſperait lui-même : il fit demander Adelaïde à ſes parens, & l'obtint; nous ſumes ſi bien perſuader monſieur & madame d'E···, qu'ils conſentirent à profiter du peu de jours dont le Chevalier pouvait diſpoſer, pour célébrer le mariage. Il s'accomplit donc; le Chevalier n'eut plus rien à deſirer... Et moi, depuis plus d'un an, que madame de M··· eſt en Piédmont, j'ai mille fois gémi de ſon abſence.

Avant de partir, Adelaïde pria madame la Comteſſe de J·· ſa ſœur, de la remplacer auprès de Léonore. Juliette eſt toute aimable; mais, pour prouver que deux caractères preſqu'entièrement oppoſés, peuvent être également parfaits, il ſuffirait de citer Adelaïde & Juliette. Cette dernière eſt vive, enjouée; elle peut avoir des goûts fort vifs, mais elle eſt, à ce que je crais, incapable d'une paſſion durable; elle eſt un peu étourdie, & néglige quelquefois les apparences: cette nuance de défaut n'empêche pas qu'elle ne ſoit adorable; mais elle eſt faite pour l'amitié plutôt que pour l'amour. Je n'ai fait ces obſervations que depuis le départ de madame de M···, & je ne vous les donne pas comme absolument infaillibles : vous, madame, qui la connaissez depuis quelque temps, vous êtes en état de juger mieux que personne, si je l'ai pénétrée. Adelaïde au contraire, sérieuse & retenue, fait de la prudence sa vertu favorite : elle a le cœur extrêmement tendre ; il est comme une fournaise, dont il s'échape quelquefois de brûlantes étincelles : ses efforts continuels, pour en contraindre le doux épanchement, lui donnent un air de langueur intéressante. L'amour est chez elle sans emportement ; semblable à ces fleuves majestueux, qui s'enflent difficilement, & ne tarissent jamais. Elle semble réserver pour l'amitié l'activité de son âme ; elle s'y livre toute entière : ce n'est plus cette Adelaïde qu'une nonchalance aimable ne dépare pas ; c'est une amie vive comme Juliette, fidelle & constante (à qui je fesais injure, lorsque j'ai cru qu'elle pouvait se démentir). A ces qualités, elle joint une physionomie séduisante : elle n'a pas autant d'attraits que Léonore ; mais elle est ravissante comme elle : un charme secret, répandu sur toute sa personne, anime chacun de ses mouvemens : sa taille a cette grâce inexprimable, que la nature donne seule, que l'on sent, qui ravit, mais qu'il est impossible de rendre. Je reviens à Juliette.

Cette jeune Dame favorisait nos entrevues de tout son pouvoir, mais elle nous donna trop de liberté : Léonore, à ce que j'ai su depuis, ſe plaignait elle-même un jour à ſa ſœur, de ce qu'elle la laiſſait trop ſur ſa bonne-foi. De mon côté, je diminuai dans celle que j'aimais, cette confiance ſans bornes qu'elle me témoignait, du temps qu'Adelaïde ne la quittait pas. Je murmurai, lorſque je m'en aperçus, je m'emportai. Léonore gardait le ſilence, & lorſque j'étais trop preſſant, elle me demandait les larmes aux yeux, Si je voulais empoiſonner le plaiſir qu'elle avait à m'aimer ?

Un jour, je me rendais à l'ordinaire chés le Comte de J··, on me refuſa l'entrée : je ne ſus à quoi attribuer une conduite ſi ſurprenante de la part de Juliette & de ſa ſœur. Je me retirai, fort affligé d'un contretemps qui m'éloignait de Léonore pour un jour, & m'imaginant que le portier pourrait avoir ſuivi à la lettre, ou même étendu l'ordre qu'on lui aurait donné ſans attention. Je retournai le lendemain ; un nouveau viſage qui remplaçait le portier, me fit eſſuyer le même refus : à-peine daigna-t-il répondre à quelques queſtions que je lui fis ; & je remarquai que les domeſtiques de la maiſon avaient un air de mauvaiſe humeur ou d'affliction auquel je n'ai jamais rien conçu. Ce fut pour-lors que je devins réellement inquiet. Je me préſentai chés monſieur d'E··· ; il venait de quitter la Capitale, pour aller dans ſa province avec toute ſa famille. Un départ ſi prompt, ſans qu'on m'en eût averti, acheva de me confondre. Cependant je ne pouvais me persuader que j'en fusse l'occasion : je ne voyais rien dans ma conduite qui eût pu mériter qu'on éloignât Léonore. J'écrivis à madame de M···, & n'en reçus point de réponse. Jamais situation ne fut aussi cruelle que la mienne. Madame, près de six mois se sont passés dans cette incertitude. O ciel ! me disais-je quelquefois, Léonore peut-elle m'accabler de son indifférence, après m'avoir si tendrement aimé ? Quel démon a donc troublé mon mon bonheur ? non, ce n'est pas ma Léonore qui m'oublie... Cependant quelles raisons pourraient obliger ses parens à lui défendre de me voir ? mon rang, ma naissance, ma fortune.... Je m'y perds. Eh ! m'était-il possible de le deviner (*).

On dit qu'il y eut un grand trouble à l'hôtel de J·· les jours que je m'y présentai ; que les parens de la jeune Comtesse s'y rendirent, mais qu'ils revinrent satisfaits. Quelques jours après cette prétendue scène, mon père me dit qu'il avait sur moi des desseins, dont il préparait le succès depuis longtemps, & qu'il les avait communiqués au Baron d'E··· la veille de son départ pour ses terres ; que c'était sur votre maison, madame, que je devais tourner mes regards. En effet, il me procura l'honneur de paraître à l'hôtel de

(*) Un caractère comme celui du Vicomte ne pouvait résister à l'indifférence, à la cessation de l'amour : on le verra dans la suite.

T···: j'y trouvai ce que le monde entier ne pouvait m'offrir, un objet capable de me consoler de la perte de Léonore, que je crus changée pour moi. Cependant le discours de monsieur le Maréchal aurait dû mouvrir les yeux, & me faire entrevoir la vérité. Mais, je l'avouerai, mademoiselle de T··· m'éblouit, & vous savez, madame, que j'ôsai former des vœux. Je ne veux ni me défendre, ni m'excuser, je fus inconstant : j'ose pourtant ajouter, que je ne fus jamais parjure; Léonore aurait encore eu mon cœur & ma main si elle eût reclamé ses droits, & que mon père l'eût permis. L'on n'est pas homme, si l'on ne sait commander à ses passions; si, esclave de tous ses goûts, on viole son devoir & ses engagemens dès qu'ils les contrarient. C'est pourquoi me voyant prêt à me dégager pour toujours, j'écrivis à madame de M··; je me plaignais d'elle; j'accusais Léonore d'ingratitude; je voulais en un mot, les obliger à s'expliquer d'une manière claire. La Réponse que me fit cette Dame, me surprit autant que l'éloignement de Léonore m'avait affligé. La voici :

Je vous estime assez, monsieur, pour vous promettre de vous apprendre un jour les raisons de la conduite que mes parens obligent Léonore de tenir à votre égard. On répand que le Maréchal vous destine à mademoiselle de T···. Ce parti est audessus de ma sœur pour la fortune, & l'égale pour tout le reste; je vous conſeille d'obéir : c'eſt dans cette occaſion ſur-tout qu'on ſe deshonore, & qu'on ſe rend coupable de la plus noire ingratitude, en réſiſtant à ſes parens. Si néanmoins vous penſez que vous ne pouvez diſpoſer de vous-même ſans l'aveu de Léonore, je louerai votre délicateſſe, & je conviens même que je m'y attendais de votre part. Que rien ne vous retienne plus ; je lui envoie ma Lettre, & la charge de vous la faire parvenir, après qu'elle aura mis au bas ce que ſon devoir exige. Je vous ſalue, mon cher Vicomte, & vous aime toujours. ADELAIDE DE M…

De LÉONORE, dans la Lettre de ſa Sœur.

Je rens à monſieur le Vicomte de Th·· ſa parole ; je le dégage de ſes ſermens : puiſque ſa Léonore ne peut plus ſe flater de le rendre heureux.

Il faut l'avouer ; ſans l'eſpérance d'entrer dans votre famille, madame, que j'avais alors conçue, je ſerais mort de douleur. Léonore eſt donc mariée, me diſais-je, que *ſon devoir exige* qu'elle me dégage de mes ſermens? *Ma Léonore !* elle ſe nomme *ma Léonore !* On l'aura contrainte; elle aura donné ſa main, mais ſon cœur eſt encore à moi... Eh ! le mérites-tu, perfide, reprenais-je, avec un trouble, un ſentiment douloureux que je ne puis vous rendre !... Mais auſſitôt une image trop ſéduiſante ramenait le calme dans mon cœur.

Je devais être bientôt plus réellement malheureux. (Et puiſſent tous les infidèles éprouver

éprouver le tourment auquel je viens d'être en proie!) La répugnance que j'avais d'abord témoignée pour ſuivre les vues de monſieur le Maréchal ; avait fait place au deſir le plus ſincère de lui marquer mon obéiſſance : mademoiſelle de T*** avait opéré ce changement dans mon cœur. J'étais venu chés vous, madame, par les ordres de mon père, pour découvrir mes ſentimens à votre charmante Nièce : mais lorſque j'entrai, je la vis fuir. Cependant mon père attendait que j'euſſe prévenu mademoiſelle de T*** : je crus pouvoir m'adreſſer à vous, madame : la froideur avec laquelle vous m'écoutates, m'anonçait.... Oui, ſans m'avoir refuſé, vous m'ôtates preſqu'entièrement un eſpoir, devenu la ſeule douceur de ma vie, depuis l'abſence de Léonore. Je vous quittai, en préſumant qu'Hélène & vous m'étiez contraires.

La conduite que tint monſieur le Maréchal à mon égard, à ſon retour de chés vous, me fit comprendre que je ne m'étais pas trompé. En m'apprenant qu'il avait parlé à monſieur le Comte de T***, il me fit entendre que ſon ami était entré avec lui dans des détails de projets & d'arrangemens qu'il n'avait pu s'empêcher d'approuver, quoiqu'ils renverſaſſent ſes deſſeins. Non, madame, il n'eſt rien de ſi pénible, que le vide que je reſſentis lorſque toutes mes eſpérances s'évanouirent. Un mouvement non réfléchi, portait à la vérité quelquefois ma penſée vers Léonore;

mais c'était pour augmenter mon ſupplice : je n'avais encore ôſé m'éclaircir de ſon ſort : je me voyais coupable, indigne de ſon attachement, ſi elle était libre & ſi elle m'aimait encore ; méritant ſes rigueurs & ſon changement, ſi elle ne m'aimait plus. Je demeurai plongé dans un état d'anéantiſſement plus cruel que la douleur : j'ôſai pour la première fois acuſer la nature & blâmer mon père. Inſenſé ! dans le temps même qu'il prenait les moyens les plus ſages pour me faire recouvrer le bien dont j'étais indigne ! ...

Enfin, madame, que vous dirai-je de plus ſur cette matière ? je vais au dénouement. L'aimable Léonore & le meilleur des pères viennent de me rendre à moi-même & à la vertu : hier monſieur le Maréchal me fit appeler, pour me dire, que nous irions dîner chés le Comte de J··. Cette démarche, de la part du Maréchal m'étonna. Je cherchais à en pénétrer le motif : il vit mon inquiétude ; & me regardant avec bonté, il ajouta : —Mon fils, repoſez-vous ſur moi du ſoin de votre bonheur—. Cependant je ne vis pas arriver le moment de partir ſans beaucoup de trouble, & lorſque nous approchames, je crais que j'aurais voulu retarder cette entrevue. La manière dont nous fumes reçus du Comte & de Juliette ; les démonſtrations ſincères de leur amitié, ſur-tout l'abſence de Léonore, me donnèrent le temps de me remettre. Auſſitôt après le dîner, nouvel embarras : le

Comte de J·· & mon père sortirent ensemble ; & je me vis seul avec Juliette.

Ces lieux où si souvent j'avais vu mon amante, & qui me retraçaient son image chérie, me firent rougir : je n'ôsais lever les yeux sur la Comtesse ; je soupirais. Je ne sais à quel propos m.me de J·· nomma Léonore : je saisis cette occasion pour m'informer d'elle, & me plaindre de son oubli, de son changement pour moi. Juliette plia les épaules : —Les voila, dit-elle à demi-bas ; c'est ainsi qu'ils sont faits—! Ensuite elle me demanda, si je serais bien content de moi-même, lorsqu'on m'assurerait que Léonore m'avait toujours aimé, qu'elle m'aimait encore ? Je parus déconcerté. —Mais vous, continua-t-elle ?... Je ne pus supporter le reproche que me fit un regard, dont madame de J·· accompagna ces deux mots. —Épargnez-moi, lui dis-je, ô mon amie ! Il n'est pas généreux d'accabler un ennemi vaincu ; encore moins un ami repentant—. Que n'ajoutai-je pas ensuite pour me justifier ! comme je peignis les sentimens que Léonore m'avait inspirés, & ceux que son cher souvenir me fesait éprouver encore ! Je crais que des larmes s'échappèrent. Madame de J·· souriait : —Eh bien, me dit-elle, écrivez-lui tout ce que vous me dites-là : je me charge de lui faire tenir votre Billet-. Je reçus son offre avec des transports de joie qui la flatèrent. J'écrivis sur-le-champ, sans ordre, sans suite, tout ce que me dicta mon cœur.

Lorſque j'eus achevé, la Comteſſe appela une jeune-fille qu'elle aime beaucoup, & lui donna tout-bas ſes ordres, en lui remettant ma Lettre. —Quoi! madame, lui dis-je alors, Léonore ſerait-elle ici? —Non, repliqua la Comteſſe, mais on l'attend ce ſoir: Luce va faire porter ce que vous venez d'écrire chez mon père, & Léonore le lira en arrivant—... Monſieur le Maréchal & le Comte de J** rentrèrent comme Juliette achevait ces paroles, & nous ſortimes tous enſemble pour aller aux *Français*, où l'on donnait *Athalie*; nous y trouvames monſieur & madame d'E***, avec Suzette, ſi fort grandie, depuis ſon ſéjour au couvent de C**, que la croyant Léonore au premier coup-d'œil, il me prit un tremblement qui ne ſe diſſipa que lorſque Suzette me parla. Devenu plus hardi, mes yeux cherchèrent la Souveraine de mon cœur, mais ce fut envain; & j'en fus ſurpris, car je ne comprenais guères comment elle était la ſeule qui ne fût pas arrivée. La malicieuſe Juliette fit remarquer mon inquiétude à monſieur le Maréchal, qui eut la bonté de me dire, qu'un dénoûment heureux m'attendait. Malgré cette aſſurance, il me fut impoſſible d'écouter la Pièce, & j'en deſirais ardemment la fin. Le Baron, le Comte de J** & mon père ſortirent après la Tragédie. J'aurais bien voulu les ſuivre: mais les Dames qui reſtaient, m'obligèrent d'eſſuyer le Spectacle dans toute ſa logueur. Enfin il finit ; & par une bizarrerie, que je ne concevais guères, la Comtesse de J·· me dit que mon père ayant enmené ma voiture, elle allait me reconduire : je n'eus pas la force de lui demander, pourquoi nous n'allions pas chez le Baron d'E···.

En arrivant chez nous, on me remit cette Lettre, datée d'une heure auparavant. Je reconnus l'écriture de Léonore : je tressaillis, & me hâtant de briser le cachet, je lus tout-hors de moi l'écrit le plus tendre, qui part de l'âme la plus belle, la plus sensible, la plus digne de règner sur un cœur honnête. Je vais, madame, vous lire cette charmante Lettre :

NON, monsieur, l'usage qui nous défend également les premières démarches, & de nous rendre trop tôt, tout raisonnable qu'il est, ne me retiendra pas. C'est moi qui la première vous ai quitté ; je vous ai laissé en proie aux plus vives inquiétudes ; je dois, dès que je le puis, ne pas différer un moment à les dissiper. On vous l'a dit : votre Léonore vous aima toujours ; elle vous aurait toujours aimé ; mais elle aurait su se taire, si des nœuds éternels vous eussent engagé avec un autre. Cependant quel sacrifice ! l'amour & l'amitié m'eussent également trahie.... Il n'en est rien. Je suis la plus heureuse des femmes, si mon amant est tel qu'il se peint dans l'écrit qu'on vient de me remettre. Un court récit de tout ce qui s'est passé depuis notre séparation, vous prouvera que ce n'eſt ni le caprice de ma part, ni le refroidiſſement, qui ont occaſionné ma conduite. Qui plus que moi en a ſouffert! mais en vous conſeillant d'obéir, devais-je deſobéir moi-même?...

Vous vous rappelez avec quelle douleur je vis le départ de ma chère Adelaïde : ſous ſes yeux nous vivions dans l'innocence, & l'amant qu'adorait mon cœur ne ſe permettait rien dont j'euſſe à me défendre. Juliette, à qui j'étais auſſi chère, mais que plus d'indulgence pour vous, plus de confiance en moi, ou, pour tout dire en un mot, moins de prudence, rendit inattentive à nos démarches, ſuccéda à notre clairvoyante amie.

Un jour (& vous vous le rappelez ſans doute) elle nous accompagnait dans ces routes que l'épais feuillage des tilleuls défend des ardeurs du ſoleil. Nous nous écartames un-peu : aulieu de nous ſuivre, l'étourdie nous abandonne. Tout, dans ce lieu charmant, ſemblait inviter à la tendreſſe : le chant des oiſeaux, le bruit d'une fontaine, dont un baſſin de marbre recevait l'onde argentée, l'émail & le parfum des fleurs. Le charme agiſſait également ſur tous-deux. Nous étions ſans témoins : vous ne vous reſſouvintes plus que vous aviez juré à Léonore autant de reſpect que d'amour; & peu s'en falu, que moi-même je n'oubliaſſe, que pour mériter le ſecond de ces ſentimens, on doit toujours être digne du premier... Quelle émotion vous ex-

citates, lorſque tombant à mes genoux, vous ſutes peindre la tendreſſe avec autant de vérité que de grâces ! Tout-bas je répétais vos expreſſions, car elles rendaient ce qui ſe paſſait dans mon cœur. Vous le vites ſans doute, & vous cherchates à vous en prévaloir, en m'engageant à m'aſſeoir auprès de vous ſur l'herbe fleurie. J'y demeurai quelques inſtans dans cette ivreſſe délicieuſe où plongent les careſſes d'un amant aimé. Ce preſtige des ſens eſt bien dangereux ! Mais l'oubli de moi-même fut court. Vous le dirai-je, mon aimable Amant ? le ciel même voulut me garantir d'un péril certain. Je levai les yeux : j'aperçus entre les arbres... Oui, c'eſt Adelaïde que j'aperçus : ſon air était menaçant, ſes cheveux ſemblaient épars, & des larmes inondaient ſes joues ; je friſſonnai : je m'arrache d'entre vos bras, dont les douces étreintes me rendaient ſi faible; je me lève, je veux la revoir: je reconnus alors que cette chère image était l'enfant de mon imagination, & qu'une heureuſe erreur m'avait retenue ſur le bord du précipice. Vous vous ſouvenez encore que je vous preſſai de rentrer. Lorſque vous futes parti, & que je me rappelai que peu s'en était falu que je ne me fuſſe rendue indigne de votre eſtime, mon imprudence m'épouvanta; je réſolus d'inſtruire ma ſœur de tout, & de me gouverner entièrement par ſes avis. Voici quelle fut ſa Réponſe:

TA franchiſe, mon amour, me prouve que tu ne t'expoſeras plus au danger qu'a couru ta vertu. Ma ſœur, on peut l'aimer & la perdre. Que ce qui vient de t'arriver n'en est-il la seule preuve !... Je crayais monsieur de Th·· plus délicat ; je me suis trompée, tous les hommes se ressemblent ; j'en suis convaincue par la conduite de celui que j'avais cru devoir excepter... Ma Léonore! qui l'eût pensé! Juliette... mais Juliette, à quoi songeait-elle ? T'abandonner ainsi à la double séduction de ton cœur & de ton amant! Mon amie, je suis bien triste. O Juliette!... Elle vient aussi de m'écrire ; elle a des peines ; elle m'ouvre son cœur, elle me l'ouvre sans réserve... Et moi, je crus donner à ma Léonore une surveillante attentive, éclairée, qui la laissât cueillir les roses de l'amour, mais qui en écartât les épines... Oh ! elle est bien imprudente !... Je la gronde, mais si fort, que j'en ai pleuré. Je te prie, mon cher amour, de ne pas lui demander à voir ce que je lui écris ; je voudrais me le cacher à moi-même.

Ma Léonore, il faut cesser de voir le Vicomte de Th··; oui, mon cher amour, il le faut absolument. Ton cœur est sensible, je le connais, ce tendre cœur; mais croi que ton aînée prendrait pour elle le conseil qu'elle te donne... Ah ! que ne m'est-il permis de te faire passer des lumières... Mais elles t'effrayeraient. Écoute, ma sœur ; notre mère seule peut remplacer ta confidente. Je l'instruis de tout : cependant ce n'est que sur ma sœur chérie, sur sa raison, sur sa vertu, sur son amitié pour moi que je compte.

Ta meilleure amie & ta tendre sœur,

ADELAIDE DE M···.

Suite de la Lettre de LÉONORE.

Que vous dirai-je, mon aimable ami? le jour même que ces Lettres arrivèrent, mon père me défendit de recevoir vos visites : ma mère, qui était présente, adoucit ce que cet ordre avait de trop sévère, par les plus touchantes caresses; mais sans m'instruire de rien à votre sujet. Ce fut encore madame de M··, qui m'apprit que les vues de monsieur le Maréchal ne s'accordaient point avec la tendresse que vous aviez pour moi. Elle m'engageait à céder de bonne-grâce l'Amant que je ne pouvais retenir. Le dit-elle pour m'ôter tout-d'un-coup toute espérance, ou si vous donnates lieu de le penser, elle m'assura que la beauté de mademoiselle de T···... Mais de quoi m'occupé-je là, mon ami ? N'est-il pas certain que vous m'aimez encore ; que vous venez de me l'écrire ; que le Comte de J·· l'assure à mon père, & que monsieur le Maréchal consent à notre bonheur ? Mon ami ! puisse sa durée dépendre de votre LÉONORE*!*

P. S. *Madame de M··· arrive de Turin dans quelques jours : elle est accouchée d'un fils, il y a deux mois. Nous allons revoir cette tendre amie ; elle sera témoin de la félicité qu'elle m'a si longtemps desirée. Le plaisir que vous donnera sa présence sera-t-il aussi vif que le mien ? . . . . . On me fait avertir qu'on m'attend... C'est pour monsieur le Maréchal. Mon ami, dans un instant ce sera... pour vous.*

On avait ordonné à celui qui me remettait cette lettre, d'attendre que je l'eusse lue, pour me dire que monsieur le Maréchal souhaitait que je me rendisse sur-le-champ à l'hôtel d'E···: j'y volai. Dès que j'ai paru, mon père a pris la main de Léonore, & me la présentant: ——Voila, monsieur, a-t-il dit, l'aimable personne que je vous donne comme la recompenfe de votre obéiffance & de votre refpect. Je vous félicite d'un fi beau choix; je defire auffi vivement de nommer ma fille cette belle perfonne, que vous avez d'empreffement d'être fon époux. Mes chers enfans, fi je mets entre vous quelque différence, ce n'eft pas l'époufe de mon fils qui pourra s'en plaindre: oui, mademoifelle, j'aurai pour vous, tant que je vivrai, cette tendreffe que j'ai toujours montrée pour le Vicomte, & mon fils fait qu'elle eft extrême. Remerciez, ajouta t-il, en me regardant, monfieur le Baron & madame la Barone, qui veulent bien nous honorer de leur alliance; & furtout, ne manquez jamais de reconnaiffance pour celle qui va faire votre félicité: des fentimens tels que ceux que je lui connais pour vous, fi vous favez toujours les mériter, rendront votre fort digne d'envie—. Je baifai la main de mon père & celle de Léonore: je m'avançais vers madame d'E···. Elle ne m'attendit pas; & me preffant contre fon fein, elle me difait: —Mon cher fils, ta tendreffe eft pour ma fille le bien fuprême; ton indifférence... je connais fon cœur... la ferait mourir... mais je la confie à l'homme le plus capable de la rendre heureufe—. Je ne pus répondre, madame, j'étais hors de moi: je voulus tomber aux genoux de Léonore: fa mère la mit dans mes bras. Que ce moment a eu de charmes! ce fut le plus heureux de ma vie ».

—Non, monſieur, s'écria une jeune-perſonne, en ouvrant la porte du cabinet, où Hélène l'avait placée; non, ce jour ne ſera pas le plus heureux de votre vie, ſi ma tendreſſe eſt la meſure de votre félicité.... Monſieur, continua Léonore, j'ai tout entendu: je ſuis ſatisfaite de vos ſentimens, & je vous eſtimerais moins, ſi vous euſſiez vu ma chère Hélène avec indifférence. Il était impoſſible de réſiſter à tant de charmes, & lorſque je vous cédais, je goûtais une ſorte de contentement de ce que c'était à elle—. Le Vicomte fut interdit; mais la joie de voir ſa maîtreſſe le dédommageait de la petite ſupercherie qu'on venait de lui faire.

La Comteſſe & mademoiſelle de T··· félicitèrent le Vicomte ſur le bonheur d'être aimé d'une fille auſſi parfaite que Léonore: elles donèrent toutes deux à mademoiſelle d'E··· mille témoignages de tendreſſe & d'eſtime Le jeune de Th··, pour montrer tout le plaiſir qu'il reſſentait de trouver dans ſa maitreſſe l'amie d'Hélène, les interompit, & regardant ſon amante: —Mademoiſelle de T···, lui dit-il, eſt donc cette amie ſi chère, dont vous m'avez quelquefois parlé, ſans me la faire connaître? je l'avouerai, mademoiſelle, l'amitié vous avait bien mieux guidée que l'amour! —Rendez-vous juſtice, monſieur, répliqua Léonore, & crayez que je ſuis également contente de tous-deux. La Comteſſe de T··· & ſa Nièce prièrent enſuite mademoiſelle d'E··· d'accompagner madame de J··, qui devait venir le lendemain. Monſieur de Th·· demanda s'il ſerait de trop avec les deux ſœurs ? —Quoi ! repliqua madame de T···, vous auriez pu concevoir la penſée que je voulais vous ſéparer un jour entier de Léonore ! ce ſerait bien-là manquer le but que je me propoſe, de vous diſpoſer à devenir le premier ami de mon fils. En cette qualité, vous pouvez regarder ma maiſon comme celle d'un frère : c'eſt vous que je charge d'amener avec mademoiſelle d'E··· & madame de J··, cette charmante Suzette que vous m'avez fait aimer. Pour madame l'Ambaſſadrice, je vous prierai de m'avertir de ſon arrivée le jour même, & de vouloir bien nous préſenter : je veux être des premières à marquer à une femme d'un ſi rare mérite, combien je ſerais glorieuſe de ſon amitié—.

Léonore & ſon amant témoignèrent leur ſatisfaction à la Comteſſe & à l'aimable Hélène dans les termes les plus vifs : —Chère amie, diſait mademoiſelle d'E···, en vous voyant pour la première fois, je deſirai ardemment de vous connaître ; & lorſque nous nous fumes entretenues, je ſentis que je ne pouvais vivre ſans votre amitié ; mon âme s'unit étraitement à la vôtre ; toutes-deux elles ſe confondirent : durant mon abſence, les plus vifs de mes regrets n'ont pas toujours été pour l'amant : l'éloignement où j'étais de mon amie. ... —Ma Léonore, interompit Hélène, un amant aussi tendre que le vôtre remplit déja mon cœur ; mon âme va se livrer bientôt à l'ivresse de l'amour : mais les douceurs de l'amitié ne m'en seront que plus précieuses, & c'est à vous que je les devrai—. On ne se quitta qu'avec regret : ces sincères amies emportaient au fond de leur cœur l'impatience de se revoir.

En se rappelant certaines circonstances du récit qu'on venait de leur faire, Hélène & la Comtesse sentirent craître leur estime & leur amitié pour Juliette : elles se promirent dès lors de faire une petite société avec les sœurs de cette Dame, dans laquelle les amusemens honnêtes & d'innocens plaisirs, remplaceraient ces loisirs fastidieux, qui rendent nécessaires les occupations frivoles, les jeux ruineux, la bruyante dissipation, la coquettetie insidieuse, & les criminelles intrigues.

Le Marquis que nous avons laissé tout-seul durant le long entretien que sa mère & cousine accordaient au Vicomte de Th··, était en proie aux plus vives inquiétudes. Mademoiselle de T··· n'était guères plus tranquille. Elle semblait deviner les peines de son cousin, & son tendre cœur qui les partageait, brûlait d'envie de les faire cesser. Lorsque le Vicomte & Léonore les eurent laissées, elles passèrent dans l'apartement de la Comtesse, pour voir à quoi le Marquis s'occupait... Il s'attristait.... Faibles mortels ! que le nom de sages & de clairvoyans enivre d'un fol orgueil, tandis que vous ne diſtinguez pas à deux doigts devant vous; l'on vous voit ſouvent vous abandonner aux mouvemens d'une joie inſenſée, tandis que le glaive du malheur n'eſt ſuſpendu que par un cheveu ſur vos têtes: ou bien vous deſeſpérer quand la fortune, laſſe de vous pourſuivre, ſe diſpoſe à ſemer ſur vos pas les fleurs de la proſpérité!

Retiré dans ſon appartement, le Marquis ſe livrait à la douleur; les ſoupirs & les ſanglots l'étouffaient. —Oh! comme il s'afflige, dit Hélène à ſa Tante! Maman, l'abandonnerons-nous à lui-même—! La Comteſſe fut entraînée par la manière touchante dont ſa charmante Nièce avait prononcé ces mots; elle la preſſa contre ſon cœur, & ſentit que ſa tendreſſe était le meilleur guide, qu'il falait le ſuivre, en avançant le moment qui devait apprendre au Marquis qu'il était aimé. Elles ſortent de l'appartement où elles l'obſervaient, & ſe rendent auprès de lui. Le Marquis ne put leur dérober les veſtiges de ſon émotion; ne ſe doutant pas qu'elles connuſſent juſqu'à ſes plus ſecrettes penſées, il s'efforça de ſe remettre. —Mon fils, lui dit madame de T···, vous avez des chagrins, & votre mère, votre amie la plus ſincère les ignore?... Mon ami, viens te placer entre nous deux: ô mon cher fils, ſi tu ſavais!... Mon fils, aſſéyez-vous... Votre Couſine & moi, nous vous aimons bien tendrement... confiez vos peines à deux amies que vous devez être sûr qui vont les partager. —Mon Cousin, dit Hélène, vous avez pleuré—! Elle prononça ces paroles avec un attendrissement inexprimable. Un mouvement qu'elle fit par hazard posa sa main sur celle du Marquis. Il la saisit, & la pressa faiblement. Le cœur d'Hélène battit avec force: ses belles joues ressemblèrent à la rose qui commence à s'épanouir. Elle était panchée du côté de son Cousin, les yeux fixés sur la Comtesse, de-sorte que son sein était vis-à-vis de la bouche du Marquis; un reflux séduisant, vivement répété, anonçait l'émotion d'Hélène; & les deux Amans étaient dans cette agitation pour laquelle il n'est pas de termes. —Ma belle Cousine, répondit enfin le Marquis en hésitant, vous savez qu'il est des instans dans la vie où toute notre gaîté nous abandonne... mais rien n'est aussi capable de dissiper ces petits nuages (ajouta-t-il d'un ton plus bas) que le tendre intérêt que notre aimable mère & vous daignez prendre à ma tranquillité—. Il baisa la main de sa mère: la Comtesse entr'ouvrit ses bras, & l'y retint longtemps. —Mon fils, lui disait-elle, mon cher fils, forme des desirs, & ta mère va les remplir—. Le Marquis regarde Hélène. —Ah! ma mère, s'écrie-t-il, mon adorable mère, je suis pénétré de vos bontés; mais... suis-je digne... Non, non, je ne puis être heureux. —Vous! mon Cousin, dit alors Hélène, pas heureux! pas fait pour l'être !... ah ! que vous vous trompez ! —Mon cœur n'eſt plus digne de s'unir à l'âme ſenſible & pure... —Mon Couſin, qui pourrait dédaigner un cœur tel que le vôtre?... Oui, celle qui vous a fixé... eſt la plus heureuſe des filles. —Si je diſais un mot, madame, vous changeriez de langage peut-être? —Ah jamais—! Le Marquis demeura quelques momens interdit : le doute & l'eſpoir timide, confondus ſur ſon viſage, lui donnaient un air mêlé de crainte & de joie. Il s'approche de l'oreille de la Comteſſe : —Madame, lui dit-il très-bas, c'eſt votre divine Hélène que j'adore. —Ah ! mon fils, que tu deviens cher à ta mère ! —Je l'ai négligée, cette fille charmante, j'ai trahi ſon amitié, pourſuivit il, en embraſſant les genoux de laComteſſe. —O mon fils ! lève les yeux ſur ta mère ; voi ſa joie ; tous ſes vœux ſont comblés. Reviens, ô mon ami, reviens dans ſes bras—. Hélène & le Marquis reprirent leur première ſituation : les ſignes de l'émotion d'Hélène reparurent avec plus de vivacité. Madame de T··· ſourit, en regardant l'attitude de ſa Nièce. —Ma fille, lui dit-elle, j'ai ſon ſecret : veux-tu me confier le tien ? —Vous le ſavez, ma charmante maman, répondit Hélène. —Tu veux donc bien que je mette le Marquis dans notre confidence ? —Si vous le voulez, maman, repliqua mademoiſelle de T··· en rougiſſant. —Écoutez, mon cher Marquis, continua la Comteſſe ; il faut vous l'avouer, le cœur d'Hélène est prévenu; elle aime tendrement, & celui qui règne sur son cœur n'en est pas indigne: Hélène en est adorée: il est jeune, bienfait; mille talens acquis font briller son mérite: il a le cœur excellent, l'âme noble; il aime ses parens, quoique souvent il leur ait donné des chagrins,... que sa mère, à la première satisfaction qu'elle reçoit de lui, oublie toujours sur-le-champ:... Hélène ne fut jamais sensible que pour ce jeune-homme fortuné; les soins obligeans, la passion la plus vive de la part d'un autre, (qui vaut mieux peut être, dit-elle en souriant) n'ont pas fait la plus légère impression sur son cœur; elle n'a pas même eu la curiosité d'entendre l'aveu qu'il voulait hazarder. Mais Hélène a l'âme tendre & timide; son cœur qui s'est ouvert à l'amour malgré elle, ne s'engage qu'en tremblant, parce qu'elle sait que sa constance égalera sa sensibilité, & qu'elle s'est convaincue qu'une belle âme cesserait de l'être, en perdant l'une ou l'autre de ces deux vertus. L'Amant qu'Hélène préfère, peut jouir, s'il le veut, s'il est fidèle, du sort le plus doux & le plus envié... Il sera le plus heureux des hommes.... —Eh! qui pourrait ne le pas être, si la divine Hélène daigne aimer! —Mon cher fils! sois-le donc à jamais: c'est toi qu'elle aim..... —Ah! ma belle cousine!... ah! ma mère—!... Ce fut-là tout ce qu'il dit: son âme enivrée vint toute-entière sur ses lèvres brûlantes, qui pressèrent la main d'Hélène. Cette fille modeste, loin de se dérober aux transports de son Amant, l'enhardit par d'innocentes caresses. L'heureux Jeune-homme lève enfin les yeux, pour lire dans ceux d'Hélène la confirmation de la félicité suprême dont il jouissait. Une petite bouche, vermeille comme la rose, qui s'entr'ouvre au souffle des Zéphyrs du matin, semble aller audevant de la sienne.... leurs âmes se confondent... Mais ce premier, ce délicieux baiser de l'amour, le Marquis le prend, Hélène l'accorde en la présence & dans les bras d'une tendre & vertueuse mère.

Jeunes Amans, lorsque vos tendres cœurs éprouveront cette chaleur voluptueuse, le plus doux des plaisirs, ne croyez pas que la Vertu condanne d'innocentes caresses: l'amour & ses douceurs sont un présent du ciel; les goûter, c'est remplir l'ordre de la Divinité; en abuser, c'est le plus affreux des forfaits: mais la première & la dernière faveur blessent également la pureté, si d'autres qu'un époux l'ont obtenue.

Dès le lendemain, le Comte de T··· s'aperçut que son épouse n'avait pu taire plus longtemps au Marquis combien il était heureux. La satisfaction qui règnait sur le visage de son fils & sur celui d'Hélène, ne lui permit pas d'en douter. La Comtesse souriait en remarquant son attention, & le plaisir qu'il prenait à voir la tendresse de ses enfans; elle lui dit ce qui s'était passé après le départ du Vicomte. Pendant le dîner, on parla de l'attachement du fils du Maréchal pour Léonore. Monsieur de V·· regarda son petit-fils, que la surprise rendait immobile; & ce reproche muet fit rougir le jeune-homme d'un emportement injuste. Le Marquis avait connu cette sœur de madame de J··, il en fit un jour à Juliette l'éloge le plus flateur: ils étaient déja liés: soit que cette Dame voulût conserver sa sœur au Vicomte; soit que son amour trop fortement gravé dans son cœur, lui fît craindre une rivale, elle eut soin que Léonore ne se trouvât plus chez elle aux mêmes heures que le Marquis. Le jeune de T··· jeta sur sa mère & sur sa cousine un regard qui demandait grâce: Henriette l'entendit, & l'on changea de conversation.

Un père moins prudent que monsieur de T···, se fût étendu sur la folie de son fils, qui voulait attaquer un homme devenu son rival malgré lui, & seulement pour obéir à son père; un homme qu'un seul mot rendait à ses premiers engagemens. Il n'eût pas manqué de dire, que l'infidélité du Vicomte de Th·· était autant un hommage pour Hélène, qu'un compliment pour le Marquis, & de faire sentir à ce dernier tout le ridicule de son action. De-là il eut passé à tous ces lieux communs des chagrins & des peines que les enfans donnent à leurs parens, en lui fesant essuyer une énumération, qui malheureusement n'est pas courte, & qu'il aurait encore exagérée. Mais le Comte ne dit que ces mots, en regardant son fils d'un air serein. —*Je suis charmé, monsieur, que vous n'ayiez pas une injure réelle à pardonner; cependant je ne doutais plus que vous n'eussiez eu assez de générosité pour cela*—. Le Marquis se leva, & vint embrasser son père: il ne parla pas; mais ses larmes prouvèrent combien il était pénétré d'une bonté si rare (*).

Monsieur de T··· entrevit enfin le moment du repos: l'amour vertueux va réparer tout le mal qu'à causé l'amour criminel. Ce père sage veillait sur son fils dans les temps d'orage; le calme est revenu, il va l'abandonner aux soins d'Henriette, & à la tendresse d'Hélène.

La Comtesse, en quittant la table, venait de passer avec sa Nièce dans l'apartement du du Marquis; mais s'étant ressouvenue qu'elle avait oublié de communiquer une affaire importante à monsieur de T···, alla le trouver, & le conduisit dans cette pièce d'où l'on pouvait découvrir jusqu'aux moindres actions de son fils. Après qu'ils se furent entretenus quelques momens, il vint dans l'esprit à la Comtesse de donner à son époux le plaisir de lire dans le cœur de leurs enfans. Elle lui découvrit donc le moyen dont elle se servait, & le Comte n'hésita pas à en profiter.

Demeuré seul avec sa cousine, le Marquis

(*) Pères, n'irritez pas vos enfans; depeur qu'ils ne tombent dans l'abattement. *Coloss* 3, ℣. 21.

était à ſes genoux : il couvrait de baiſers une de ſes mains qu'elle lui abandonnait ſans réſiſtance. Les yeux d'Hélène étaient fixés ſur ſon amant avec un air d'intérêt qui ne ſaurait ſe peindre. —Ma belle couſine, je vous adore, lui diſait-il. —Et moi, je vous aime, cher Marquis, répondait l'aimable Hélène, —Il eſt donc vrai que vous m'aimez, & que je ſerai votre époux! quel bonheur! —Je ſuis heureuſe auſſi, mon couſin, & plus que vous, peut-être.... —Je le ſouhaiterais, mais cela ne ſe peut pas.... O! mon Hélène! Quoi! c'eſt vous qui ſerez cette compagne charmante, que deſirait mon cœur, & que ſe peignait mon imagination, lorſque je me plaiſais à me tracer une image du bonheur.... Le crairiez vous, ma belle couſine? Un jour je cherchais une femme telle que je l'aurais deſirée, pour l'aimer toujours. Je raſſemblais tous les attraits, pour former cet objet touchant; j'y joignais toutes les perfections & toutes les vertus : je m'étais enfermé dans ma chambre pour rêver avec plus de liberté : je veillais : ce ne fut point un ſonge trompeur qui m'offrit cette image parfaite : je vois une fille plus belle que Vénus : ſes traits enchanteurs ne m'étaient pas inconnus : je cherchais à me rappeler où j'avais vu ces grâces, cet air tendre & modeſte, mais envain : tranſporté de joie, je m'écrie : *Ah! la voila donc enfin!* Je me lève pour aller à cette Beauté divine : l'illuſion ſe diſſipe : mais ſes traits étaient gravés dans mon cœur. Je pris mes craiyons; j'en traçai l'esquisse de mémoire: & le voila—. Hélène fit un mouvement de surprise, en voyant son portrait. —Ma cousine, continua le jeune-homme; je ne pouvais deviner combien six années vous avaient embellie; cependant vous le voyez, c'est vous que je peignis. Lorsque j'eus achevé cette image de la divinité de mon cœur, j'en cherchai l'original: vous vous présentates la première à mon imagination, & je me disais: *Non, ce n'est pas elle.* Je connus alors madame de J··; je trouvai qu'elle en aprochait le plus: je l'aimai; ou plutôt ce que j'éprouvai pour elle, est si différent de ce que je sentis en vous voyant; en trouvant en vous le modèle parfait de cette image qui m'avait enchanté, que je crais n'avoir jamais aimé que vous. —Cher Cousin! je suis donc la première qui règne sur votre cœur!... —O mon amie, reprend le Marquis en rougissant, je n'ai jamais aimé personne comme je vous aime. —Mon cousin, serez-vous toujours aussi tendre? —Hélène, vous êtes pour moi l'image de la divinité; comme elle, vous devez lire jusqu'au fond de mon cœur. Oui, chère Amante, je vous respecte trop pour vous faire un serment que je ne suis pas sûre de pouvoir tenir: mais je vous jure de ne pas montrer d'amour à d'autre qu'à vous; de vous regarder le reste de mes jours comme ma première amie; ce que je suis sûr de tenir, je vous le promets : je vous jure une eſtime éternelle ; mais quel eſt l'homme qui peut répondre de conſerver toujours l'ivreſſe de l'amour? que ceux dont l'âme perfide ſe propoſe de ne rien tenir, promettent tout ; le parjure n'eſt qu'un crîme de plus qui ne les effraie pas.... je vous adore à-préſent, je vous le jure : ſi la beauté, ſi la vertu peuvent aſſurer de la conſtance d'un amant, vous n'avez pas à douter de la mienne : cependant ſi, par un vice, non du cœur, mais des organes, je paraiſſais un jour moins épris, j'ôſe aſſurer, que vous ne pourriez, ſans être injuſte, dédaigner les ſentimens que je montrerais alors : vous ſerez l'être que je conſidérerai le plus ; car c'eſt vous qui m'aurez fait porter le nom le plus doux qui ſoit dans la nature : je vous regarderai comme mon conſeil, mon guide ; le ſaint reſpect que je vous jure, l'amitié la plus entière que je vous porte à ces titres, voila des ſentimens qui ſeront éternels-. Hélène touchée, laiſſait échaper quelques larmes : elles étaient ſur ſes belles joues, comme les goutes de roſée, qui font pancher la tête des lis. —Mon couſin, dit-elle à demi bas, je ſuis ſatisfaite des diſpoſitions que vous me montrez : votre amour me rend la plus heureuſe des femmes. —Cher objet que j'adore, touchante Hélène, reprit le Marquis, lorſque je vous jure de n'aimer que vous, une éblouiſſante beauté, tous les talens, toutes les perfections réunies en vous, ſont le gage que je tiendrai le ferment: mais lorfque vous me faites la même promeffe, je n'ai rien en moi qui me raffure contre l'inconftance; tout mon efpoir eft dans vous feule: généreufe Hélène, c'eft ce cœur fi pur, cette âme fi noble que vous m'avez fait connaître, qui me raffurent. Ah! que mon amie daigne voir combien, dans cette occafion, la plus importante de la vie, je la mets audeffus de moi! fa beauté, fon mérite lui font caution de mon amour; la nobleffe de fes fentimens, fa vertu me répondent du fien: ainfi tout eft fondé fur elle—. Il fe turent: un filence... Ah Dieu! qu'il exprimait de chofes! un voluptueux filence fuivit cette converfation. Le Marquis s'affied auprès de fa coufine; il paffe un bras autour d'elle: Hélène fe panche fur fon amant; les lèvres du Marquis touchent la joue d'Hélène: l'aimable fille, pour fe défendre, met fa main devant la bouche de fon coufin, & bientôt elle eft rougie de baifers. Sans connaître encore ce que defirait fon cœur innocent, Hélène foupira; fon amant la preffe contre fa poitrine, & cherche cette bouche mignone, done le roufle eft plus doux que le parfum des rofes ... Le Comte; & fa tendre compagne le voyaient: oh qu'ils éprouvaient une émotion délicieufe! ces deux vertueux époux fe ferrèrent la main, & fentirent au fond de leur cœur, que leur première tendreffe n'avait point fouffert d'atteinte. (Saints plaifirs de l'amour légitime, vous êtes la la récompense de la vertu, & le vrai sage ne vous dédaigna jamais! Hélène sans défiance s'abandonnait au prestige des sens : le Marquis, emporté par la passion la plus vive.... Mais que l'on ne craigne rien pour l'innocence : (l'expérience me donne la hardiesse de le dire) elle empêche de prévoir le danger ; & cependant elle n'y succombe jamais qu'un peu de corruption ne l'ait entamée. Hélène sûre d'être aimée, brûlant elle-même de la plus vive flâme, donne à son amant un baiser(*), & s'arrachant de ses bras : —Allons, lui dit dit-elle, mon aimable ami, retrouver maman—. L'heureux jeune-homme, que tant de faveurs précieuses venaient d'enivrer, n'ôsa la retenir : pénétré de ce respect qui toujours accompagne la vraie tendresse, il suit Hélène qui s'échappe, & baise à la dérobée un gant qu'elle avait oublié.

Ils sortaient, lorsqu'on annonça monsieur & madame de J··. Le Comte & la Comtesse de T··· s'étaient avancés pour les recevoir. Madame la Barone d'E··· & toutes ses filles les accompagnaient ; Adelaïde, qu'on n'attendait que dans huit jours, étant arrivée de la veille, assez tard. Le Vicomte de Th·· donnait la main à Léonore. C'était la première fois que Juliette revoyait le Marquis.

(*) *Basia blandas imitata columbas.*

M·r ia', Epigr. 105. Livre XI.

Le Comte de J·· jetait quelquefois des regards inquiets sur son épouse. L'air aisé avec lequel elle reçut les complimens du jeune de T···, l'empressement qu'elle marqua pour Hélène, le persuadèrent qu'elle avait oublié un coupable amour. Eh ! pouvait-il en être autrement ? Elle connaissait madame de T···; elle avait l'exemple de sa mère & de sa sœur aînée ; un fils, cet être si chéri des mères, devait le jour au Comte ; & ce titre eût suffi tout seul pour lui faire aimer son époux. Hélène, après avoir embrassé madame de J··, répondit à l'impatience de Léonore : par les tendres caresses que se firent ces aimables filles, elles semblaient inviter leurs Amans à les imiter. —Mon cousin, dit Hélène au Marquis, il est encore un genre de bonheur, qui jusqu'à présent vous est inconnu ; vous n'eutes jamais de véritable ami : l'homme que je trouve le plus digne d'unir son cœur au vôtre, c'est monsieur de Th·· : ajoutez, je vous en prie, ce nouveau lien à ceux par lesquels je tiens à mon aimable Léonore ; que nous soyions attachées l'une à l'autre par tout ce qui nous est cher ; que son Amant & le mien s'aiment comme nous nous aimons, & autant qu'ils sont aimés—. Léonore, de son côté, tenait à-peu-près le même langage à monsieur de Th·· ; le Marquis & ce jeune Seigneur s'embrasèrent cordialement, & leur liaison commença pour ne finir jamais : mais ces quatre jeunes Amans ne furent pas les seuls que servait l'amitié.

Madame de T··· aimait beaucoup la Comtesse de J··, qu'elle regardait comme sa fille; elle estima la Barone d'E···, & prit pour elle les sentimens d'une sœur; cependant la douce égalité, cette convenance qui fait que l'amitié est sans réserve, ne se trouva pas entre ces deux Dames : pour se donner tout-à-fait, l'âme d'Henriette attendait Adelaïde. Cette aimable femme parut, & la sympathie opéra sur-le-champ; madame de T··· ne vit plus qu'Adelaïde : elle parla; le son de sa voix fut un aimant pour le cœur d'Henriette : un même penchant entraîna madame de M··· vers l'estimable Comtesse; dès cet instant elles ne firent plus qu'une âme..... O tendre amitié! tes douceurs, il est vrai, ne sont que l'ombre de celles de l'amour; mais plus constante que lui, tu consoles nos cœurs, lorsqu'il s'envole; & souvent l'ombre est au-dessus de la réalité.

Une société où tout le monde se convenait si bien, ne pouvait manquer de devenir amusante : Hélène enleva Léonore au Vicomte de Th·· : madame de M··· sentait à chaque instant craître son goût pour la Comtesse de T···; la jeune & vive Suzette paraissait avoir oublié son étourderie & sa légèreté; ses yeux attachés sur Adelaïde, dont elle avait toujours été tendrement aimée, ne pouvaient se rassasier de la voir. Madame d'E···, Juliette, le Marquis de V·· & le Comte de T··· formaient une société à part :

les peines & les plaiſirs dont les enfans ſèment la carrière de la vie, feſaient le ſujet de leur entretien. Le Marquis & le Comte de J·· ſe parlèrent longtemps en particulier; enſuite ils appelèrent le Vicomte de Th··; tous trois s'ouvrirent leurs cœurs, & ſe promirent de conſerver entr'eux une union que rien ne pourrait altérer. Ils remarquèrent que les Dames s'entretenaient avec un plaiſir & une confiance, qu'ils euſſent peut-être troublés; ils paſsèrent dans le jardin, & là, ils tracèrent en liberté le plan qu'ils ſe propoſaient de ſuivre pour rendre leurs compagnes heureuſes. Lorſque la chaleur de la converſation ſe fut un peu ralentie, monſieur de J·· s'aperçut que le Marquis & le Vicomte ſouffraient impatiemment d'être éloignés de leurs maîtreſſes: il ſe fit un jeu de les retenir le plus de temps qu'il lui fut poſſible. Le Comte ſavait par expérience, que l'amour eſt comme l'onde, dont on augmente la force en en ſuſpendant le cours.

Hélène & Leonore avaient de petites obſervations à ſe communiquer ſur leurs Amans, dont elles ne voulaient pas être entendues: après s'être éclaircies mutuellement de tout ce qu'elles deſiraient ſavoir, elles revinrent auprès de la Comteſſe de T···, dont le ſentiment devait déterminer le leur: mais la converſation de cette Dame avec Adelaïde étant engagée, elles ne voulurent pas l'intérompre, & ſe rangèrent à leurs côtés : de cette manière, ſans y ſonger, & ſans le vouloir, on s'était partagé en trois cercles. Adelaïde fut charmée de ce que Juliette n'était pas avec elles. La Comteſſe de J·· avait avoué à madame de M··· ſon intrigue avec le Marquis, lorſqu'elle eut pris la généreuſe réſolution de ne plus le voir ; elle ne lui avait pas caché que le Comte & la Comteſſe de T··· en étaient inſtruits ; & madame de M··· avait deſiré d'entretenir madame de T··· à ce ſujet, afin de s'aſſurer qu'il n'y avait aucun danger pour ſa ſœur à vivre familièrement avec un jeune-homme charmant, dont elle avait été aimée. Ce que ſa nouvelle amie lui confia de l'attachement du Marquis pour Hélène, la tranquilliſa.

Madame de T···, à cette occaſion, conſidérant que les jeunes-perſonnes qui venaient de ſe raſſembler autour d'elle, pourraient tirer quelqu'utilité d'une avanture ſingulière, qu'elle avait eue malgré elle, depuis ſon ſéjour à Paris, crut pouvoir la leur raconter. Il eſt utile, & quelquefois néceſſaire de faire connaître les déguiſemens que le crime & les paſſions empruntent pour cacher leur difformité : Hélène, Léonore & Suzette étaient vertueuſes; mais elles étaient ſans expérience. Juliette avait été comme elles : jamais, en ſa préſence, on n'avait parlé de ces femmes ſcandaleuſes, dont le nom eſt une injure, & qu'il ſuffit d'accompagner publiquement une fois pour ſe deshonorer ; & faute de ſavoir quelle était la route qui les avait conduites à leur perte, Juliette allait leur reſſembler. Il ne faut pas s'arrêter avec une complaiſance dangereuſe ſur les peintures du vice ; mais il eſt bon qu'une jeune-perſonne entrevoye les bornes qui le ſéparent de l'honnête. Un enfant badine avec le ſerpent venimeux : ſon père l'aperçoit : il frémit, il s'écrie : Ah ! malheureux ! fuis le monſtre qui va te donner la mort ! A peine l'enfant eſt-il ému ; s'il fuit, c'eſt pour obéir, & non par la crainte du danger : mais lorſqu'enſuite il entend de la bouche de ſon père, combien la morſure du ſubtile animal eſt dangereuſe, il eſt épouvanté, & friſſonne à ſon tour, dès qu'il le rencontre. Parens, apprenez à vos enfans que le mal exiſte, parce que dans le monde ils ne pourront manquer d'en trouver des exemples : mais, en le leur peignant, faites-les trembler ; que les ſuites affreuſes que le crime traîne à ſa ſuite les effrayent ; que le vice ſoit difforme, & plus honteux encore qu'il n'eſt laid, afin qu'ils rougiſſent de la ſeule penſée de s'y livrer.

L'AMOUR ILLICITE.

« LORSQUE mon fils eut quitté les Mouſquetaires, dit la Comteſſe de T···, quelques amis qu'il avait faits parmi eux continuèrent à le voir ici fort ſouvent. Monſieur de T··· recevait les connaissances du Marquis comme les siennes. Tous ces jeunes-gens ne se déguisaient pas beaucoup ; à l'exception d'un seul qui différait des autres par une modération & une retenue, qui le firent considérer de mon époux. Monsieur de T··· me disait quelquefois, qu'il aurait desiré que notre fils n'eût connu que le Comte de Saint-A·· (c'est *le* fils du Comte de P···, qui a servi avec honneur dans la dernière guerre :) nous distinguames ce jeune-homme, en lui fesant un accueil plus cordial & plus familier.

A la figure la plus heureuse, le jeune Comte joint des mœurs douces, & qui paraissaient pures ; une naissance illustre, & ces manières insinuantes qui ont leur source dans la bonté du cœur, mais que le commerce avec les gens de Cour rend plus aisées. Il venait presque tous les jours, & cependant il se fait desirer. Comme il arrivait souvent que le Marquis était déja sorti, son ami passait une partie du jour auprès de monsieur de T··· ou auprès de moi. Il remarqua le plaisir que me fesait son entretien : je lui ouvrais mon cœur ; je lui montrais tout le plaisir que j'aurais ressenti à voir son ami lui ressembler. Il sut profiter de l'accès facile qu'il avait auprès de moi ; mais il eut l'art de paraître n'en point abuser. Il ne se présentait qu'à-propos, & ne demeurait jamais jusqu'au moment où l'on aurait pu s'apercevoir qu'il avait été longtemps.

Je vivais de la ſorte, ſans défiance avec le jeune Comte de Saint-A·· : mariée depuis près de vingt ans, & dans l'âge où la beauté ceſſe, j'étais bien loin de penſer qu'un jeune-homme, à peine ſorti de l'enfance, prendrait une hardieſſe, que juſqu'alors ma conduite avait interdite à tous ceux qui m'approchaient. Ma ſécurité l'enhardit. Mais il s'y prenait, pour me donner des marques de ſa paſſion, d'une manière qui, je crois, n'eſt pas ordinaire. Il ne ſe fit point remarquer par une plus grande aſſiduité ; j'aurais pu ſeulement lire ſon trouble dans ſes regards plus timides, ſi j'avais ſoupçonné ſes ſentimens : il me feſait des dons, ſans que je le ſuſſe. Tous les jours je trouvais ſur ma toilette quelque nouveau bijou, les étoffes les mieux choiſies ; j'étais loin d'attribuer ces préſens à d'autres qu'à monſieur de T···, qui en avait toujours uſé de la ſorte depuis notre mariage, mais avec plus de modération : ſouvent le Comte de Saint-A·· ſe rencontrait à côté de moi, lorſque j'étais à les examiner ; il jouiſſait du plaiſir qu'ils me feſaient & de ma ſurpriſe : nous en déterminions enſemble l'uſage ; c'était lui qui, dans les étoffes, indiquait celles qui me convenaient, & mettait à part celles que je deſtinais pour ma nièce.

Une garniture complette de diamans m'étonna plus que tout le reſte : comme je viens de le dire, monſieur le Comte de T···, plus curieux de ma parure que moi-même, prévenait mes beſoins, & juſqu'à mes deſirs : j'ai toujours reçu de mon époux ces petits cadeaux, ces attentions délicates qu'ont les autres hommes lorſqu'ils ſont amans ; cependant comme j'avais des diamans autant qu'il m'en falait, je ne comprenais pas bien pourquoi il lui prenait fantaiſie de faire cette inutile dépenſe ; je les comparai, je les trouvai plus beaux que les miens : il me vint alors une penſée ; j'imaginai que peut-être voulait-il que j'en fiſſe préſent à Hélène, qui devait bientôt ſortir du Couvent : je m'arrêtai à cette idée, & la croyant certaine, elle me rendit ma ſécurité.

Durant pluſieurs mois, que le jeune Comte ſut cacher ſes ſentimens, il me prodigua les ſoins les plus empreſſés, les prevenances les plus marquées : mais quel fruit en retirait-il, puiſque je n'en connaiſſais pas le motif? Cependant toutes mes démarches contribuaient à nourrir ſon amour : je le louais ; je le préférais à tout le monde. Le plus ardent de mes deſirs était de le donner à mon fils pour modèle & pour ami. Je feſais tout pour les lier enſemble de plus-en-plus : je lui tenais compte de ſes complaiſances pour le Marquis, & les expreſſions dont je me ſervais alors, étaient celles de la plus tendre amitié. Le Comte de Saint-A·· y répondait d'une manière ſi modeſte, ſi reſpectueuſe, en-même-temps ſi touchanre, qu'un jour j'en fus extrêmement attendrie. — Mon cher Comte, lui dis-je, pourquoi votre ami connaît-il d'autres jeunes-gens que vous ? Il m'eſt bien cher; tout l'univers ne m'offrirait plus rien qui me touchât ſans lui ; mais s'il vous reſſemblait!... Le Comte baiſſait les yeux ; je remarquai des larmes qu'il contraignait ; je le vis tout prêt à répondre , & laiſſer en-même-temps expirer la parole ſur ſes lèvres : il me baiſa la main avec une ardeur dont je me défiai pas.

Les jours qui ſuivirent cette converſation , le jeune de Saint-A·· ne me quittait preſque plus ; la préſence de monſieur de T··· lui donnait un air contraint : il ne paraiſſait à ſon aiſe , que lorſque nous étions ſeuls. Je fis ces obſervations , mais ſans en être d'abord beaucoup frappée. Je jugeais de ſon cœur par le mien. Cependant le jeune Comte , dans ce temps-là même , abuſait d'une confiance ſans bornes : il avait déja ſu gagner une femme qui était auprès de moi depuis mon enfance ; la vile paſſion de l'argent corrompit cette malheureuſe , & lui fit oublier trente années de fidélité. Elle permettait au jeune Comte d'entrer dans mon appartement en mon abſence : ſa paſſion était ſi violente , qu'il regardait comme une faveur d'occuper la place où je m'étais aſſiſe, & de couvrir de baiſers tout ce qui était à mon uſage. Lolote (c'eſt le nom de cette femme) veillait , de peur que je ne le ſurpriſſe. Mais comme, lorſqu'on a commencé à ſe laiſſer gagner, on refuſe difficilement, elle ne s'en tint pas-là.

Plusieurs fois il m'avait semblé que j'entendais quelqu'un dans ma chambre durant la nuit. J'y fis peu d'attention, parce que je m'imaginai que ce pouvait être l'effet de quelque songe. Mais un jour en m'éveillant, je crus sentir encore l'impression de deux lèvres brûlantes. J'étendis le bras : je ne touchai personne. Je fus sur le point de sonner Lolote. Cependant je n'avais rien à dire à cette fille, après l'avoir appelée. Il était trois heures : le jour ne devait pas tarder à paraître : je me rassurai. Depuis une heure je feignais de dormir, lorsque j'entendis fort près de moi un léger soupir. Je prêtai l'oreille avec toute l'attention dont j'étais capable, & quoiqu'on parlât très-bas, j'entendis distinctement ces paroles : *Ma belle, ma divine Comtesse, je vous adore... oui, je vous adore ; .. vous l'ignorez.... vous ne le saurez jamais, si je puis... O sommeil ! répands sur elle tes dons bienfesans, & que je puisse encore lui dérober un baiser !* Le mouvement que je fis pour saisir le cordon de ma sonnette, empêcha le téméraire de s'approcher ; &, secondé par Lolote, il sortit lorsqu'elle entra. J'étais toute troublée. Je dis à cette femme, qu'il y avait quelqu'un dans ma chambre ; que j'en étais sûre ; qu'elle se hâtât d'éveiller mon époux & mon fils : elle m'obéit. Mais lorsque monsieur de T... & le Marquis furent accourus, & qu'ils eurent cherché par-tout, ils revinrent auprès de moi, & m'embrassèrent, en riant de ce qu'ils appelaient mes vaines frayeurs. Je vous avouerai, mesdames, que malgré ce que j'avais entendu, je fus sur le point de démentir le témoignage de mes oreilles, & de croire que je m'étais trompée. Lolote s'assit auprès de moi, & j'achevai tranquillement la nuit.

En m'habillant, j'observai que tout ce que j'avais ôté la veille, était déplacé : je le fis remarquer à Lolote ; elle attribua ce dérangement à mon mari & à mon fils : ce qu'elle disait me parut raisonnable : cependant j'examinais tout avec une attention qui ne m'était pas ordinaire ; l'éclat de mes boucles me frappa : sans dire ma pensée à Lolote, je les lui demandai. Quelle fut ma surprise, lorsque je m'aperçus que ce n'étaient pas les mêmes que j'avais ôtées la veille ! Celles qu'on y avait substituées étaient neuves, & beaucoup plus riches que les miennes. Ce que je voyais, joint aux dons extraordinaires que je croyais tenir de mon époux, m'étonnait trop pour garder le silence. Je me rendis auprès de monsieur de T · · · avec tous mes bijoux, & prenant un ton enjoué, je le remerciais de tant de présens magnifiques, en les sesant passer en revue sous ses yeux. Il ne put me cacher entièrement son inquiétude, & quoiqu'il reçût de bonne grâce mes remerciemens, je saisis dans ses regards ce premier mouvement de surprise que nous cause une chose inattendue. Je lui dis enſuite, que ce n'était pas encore là toutes les obligations que je lui avais ; & que, comme il ſe pouvoit faire qu'elles ne lui fuſſent pas toutes aſſez bien connues à lui-même, je le priais de paſſer dans mon cabinet. Il me ſuivit en riant. Je lui fis voir alors des préſens d'un nouveau genre, & toutes ces ſuperbes étoffes, que je l'aſſurai qu'il m'avait données. —Monſieur, ajoutai-je, vous affectez une tranquillité que vous n'avez pas—? Il me répondit qu'il allait me montrer ce qu'il m'avait acheté : pour tout le reſte, il m'avoua qu'il ignorait d'où cela venait. —Il y a dans tout ceci un myſtère que je ne comprends pas, repris-je : ne nous confions qu'à nous-mêmes ; je crois que c'eſt le ſeul moyen de découvrir la vérité—. J'étais intimement perſuadée qu'on ne pouvait avoir fait paſſer toutes ces choſes dans mon appartement, & juſques ſur ma toilette, ſans le ſecours de Lolote, & je commençais à me défier de cette fille. Nous convinmes de veiller tous-deux, & que le Comte laiſſerait ouverte la porte ſecrette qui conduiſait de ſon appartement dans le mien, pour s'y jeter avec le Marquis, à un ſignal que je devais donner.

Mon avanture m'occupait beaucoup : ces paroles ſur-tout, que j'avais ſi bien entendues, *ma belle, ma divine Comteſſe, je vous adore, oui, je vous adore : vous l'ignorez ; vous ne le ſaurez jamais, ſi je puis* : ces paroles, dis-je, je croyais à tout-moment les ouïr encore. Ma Nièce était alors au Couvent de la rue V···; l'heure où j'avais coutume d'aller la voir approchait ; il me prit envie de me parer. Dans le moment on annonça le Comte de Saint-A··. Je ne sais pourquoi je n'eus pas autant de plaisir que de coutume , en entendant prononcer son nom ; je crois même que je frissonnai : je me rappelai que deux fois je l'avais surpris en conversation avec Lolote , & que ma femme-de-chambre ne parlait jamais de lui qu'avec les plus grands éloges. Je l'observai ; une glasse fidelle me rendait tous ses mouvemens , sans qu'il s'en doutât. Il était triste , & dans certains momens, je crus l'entendre pousser ce même soupir de la nuit précédente. Si Lolote m'apportait quelque partie de mon ajustement , le jeune Comte la lui arrachait des mains ; lorsqu'elle me coîfa , il prit une tresse de mes cheveux , & la baisait : ma glasse m'en fit apercevoir. Je vis alors, avec chagrin, que j'avais un amant dans ce jeune-homme aimable , au lieu d'un ami fidèle : je compris, un peu trop tard , qu'entre deux personnes d'un sèxe différent , & qui peuvent encore plaire , l'amitié n'est que le masque de l'amour. Je n'hésitai pas un moment à sacrifier toute la douceur que jusques-là j'avais trouvée à m'entretenir avec monsieur de Saint-A··, quoique cette privation m'affligeât vivement. J'étais révoltée de sa témérité , autant parce qu'elle m'obligeait de l'éloigner, que par les motifs de l'honneur & de la vertu : je me retournai, & lui lançant un regard févère, je le vis fucceffivement rougir & pâlir. Je ne préfumai que trop facilement tout le refte, & j'aurais banni le Comte de ma préfence dès ce moment, fi je n'euffe voulu favoir, comment on entrait jufques dans mon appartement. C'eft ce qui me reftait à découvrir ; bien réfolue de chaffer celui de mes gens qui favorifait ce jeune audacieux. *Hélas ! me difais-je, pourquoi n'eft-il pas ce qu'il m'avait paru ? ou pourquoi ne s'eft-il pas attaché à une fille eftimable pour qui fon amour ferait un bien, & qui pourrait fans crime le partager ? Etait-ce donc moi qui devait le rendre malheureux ?* Et vous fentez, mes aimables amies, combien il y avait de faibleffe dans ces regrets. Voila le danger de ces liaifons trop intimes, qu'une femme doit toujours éviter, fi fon honneur & fa vertu lui font chères.

En fortant, le jeune Comte m'offrit fa main, pour me conduire à ma voiture ; je la refufai. Il ne faut pas qu'une femme honnête foit en public un gendarme de vertu ; mais en particulier, elle doit éviter de nourrir dans un homme par les égards les plus ordinaires, une paffion criminelle, dès qu'elle la connaît. Le Comte baiffa les yeux, & lorfqu'on ferma la portière, je crus le voir effuyer des larmes. Je ne fus pas infenfible, je l'avoue encore, à la peine que je lui fefais : mais la pitié qu'il m'inſpira ne fit que hâter la réſolution que j'avais priſe de le guérir de ſa paſſion, en lui ôtant toute eſpérance; tandis que d'un autre côté, je prierais monſieur le Comte de remettre ce jeune-homme égaré par l'amour, dans la route du bonheur & du devoir.

Durant huit jours, mon attention fut inutile, pour découvrir l'intelligence de Lolote avec le Comte de Saint-A··. Il parut cependant tous les jours à l'hôtel; mais il était timide devant moi. Ses diſcours ne reſpiraient plus cette aimable franchiſe; ſes regards n'exprimaient plus cette joie délicieuſe & pure que ma préſence excitait auparavant dans ſon âme; l'amour ſeul avait gâté tout cela. Un ſoir j'étais ſortie pour aller prendre ma Nièce, & la conduire à la promenade, comme il m'arrivait ſouvent; un orage nous obligea de rentrer plutôt que je ne le comptais; je me fis deſcendre á ma porte, & la voiture reconduiſit ma Nièce á ſon Couvent. J'entrai ſans bruit, & je montai par un petit eſcalier qui répond à l'appartement de monſieur de T···. Lorſque je fus chez mon mari, je crus entendre quelqu'un dans ma chambre; je prêtai l'oreille, & pour ne me pas tromper, j'entr'ouvris adroitement cette porte inconnue à tout le monde de la maiſon, dont j'ai parlé. Le premier objet que j'aperçus, était le Comte de Saint-A··, Il tenait un portrait: je compris, par les diſcours infésés qu'il adressait à cette peinture, que c'étais le mien. L'amour est une passion terrible : je ne puis vous peindre toutes les extravagances dont je fus témoin ; il en est que je n'ôserais vous répéter : tout ce qui contribue à notre parure servait d'aiguillon à ses desirs. . . . La méprisable Lolote revint auprès de lui. Il la regarda tristement. —*Elle a pénétré mon secret*, lui disait-il, *la cruelle sait que je l'idolâtre ; un refus méprisant est le prix de l'amour le plus tendre. . . . Ah ! Lolote !* . . . Et les sanglots l'étouffaient. Ma femme-de-chambre le consolait, en lui promettant de l'introduire cette nuit même dans mon appartement. —*C'est pour moi le plus grand bonheur*, lui disait le Comte : *mais si j'allais l'effrayer ? Non, je ne me consolerais jamais de lui causer la moindre sensation desagréable : la dernière nuit que j'y ai passée, j'ôsai approcher mes lèvres ; . . . . elle s'est éveillée ; je crois qu'elle a eu peur : non le plus doux des plaisirs n'aurait plus pour moi de charmes à ce prix : Lolote, je l'adore, comme on adore la Divinité . . . . .* Je vous tais d'autres expressions plus fortes encore, que le délire d'une imagination échauffée fit proférer à un homme d'ailleurs très-raisonnable, mais égaré dans ce moment par une passion trop écoutée.

J'en savais assez : devais-je me montrer, & faire connaître au téméraire Amant, & à la domestique infidelle, que je les avais entendus ? Je ne ne crus pas que cela fût à propos. Aurais-je pu me défendre d'écouter tout ce que m'eût dit le Comte, que rien n'aurait plus retenu, puisque j'étais instruite? les transports dont je venais d'être témoin, m'avaient épouvantée : qu'eût-il donc fait, s'il m'eût parlé à moi-même ? J'attendis impatiemment le retour de mon époux, pour lui communiquer mes nouvelles découvertes.

Mon équipage, après avoir remis Hélène à son Couvent, revint à l'Hôtel ; dès que le jeune Comte & Lolote l'entendirent, ils replacèrent tout, & se disposèrent à sortir. Cependant monsieur de Saint-A·· s'arrêta : *Qu'est-il besoin*, dit-il à Lolote, *que je m'en retourne ? Cachez-moi dans ce cabinet ; je serai près d'elle ; je l'entendrai peut-être parler; je serai moins malheureux*—. Il avait mis Lolote dans le cas de ne lui plus rien refuser ; elle accorda tout, & se retira. J'étais sortie de chez monsieur de T···, & je la rencontrai ; je lui dis de venir me deshabiller : au lieu de passer où était le jeune Comte, je restai dans mon appartement ; je fermai la porte de mon cabinet, après que cette femme y eut pris ce qui m'était nécessaire, & je ne le fis r'ouvrir que lorsqu'elle eut fini.

Cependant monsieur de T··· ne revenait point ; je dis à Lolote de rester auprès de moi : &, pour m'occuper, j'allai prendre un Livre qui devait être justement à l'endroit où était le Comte de Saint-A··. Lolote effrayée, crut que j'allais tout découvrir; elle laiſſa tomber adroitement le flambeau qui m'éclairait : mais elle en fut quitte pour la peur; je trouvai mon livre, & je revins avant qu'elle fût obligée de me rapporter la lumière. Je cherchais à donner au jeune Comte les moyens de ſortir, & je le deſirais beaucoup; je laiſſai le cabinet ouvert, & m'allai placer ſur une chaiſe longue, de manière qu'il pouvait croire que je ne l'apercevrais pas.

Malgré le trouble dont j'étais agitée, je liſais avec aſſez d'attention; au bout d'un quart-d'heure je lève les yeux, & j'aperçois le Comte pâle, tremblant, qui ſe traînait à genoux, & ma femme-de-chambre qui ſe tuait de lui faire ſigne de rentrer. Je baiſſai la vue ſur mon livre, afin de l'engager à ſe retirer. Tout le contraire arriva; en un moment, il fut à mes piéds. Sa hardieſſe m'étonna; je fis un cri. —*Vous n'avez rien à craindre d'un homme qui vous adore, madame*, dit le jeune Comte d'une voix entrecoupée, & qui avait quelque choſe d'effrayant; *je ne viens pas ici pour vous engager à répondre à mon amour; je le jure (& puiſſiez-vous m'en croire, madame!) ce feu cruel s'eſt allumé, s'eſt nourri malgré moi dans mon ſein, & je l'euſſe éteint, ſi je l'avais pu. Tous mes efforts ont été inutiles: (eh! combien n'en ai-je pas fait, hélas! ....) J'ai couru après d'autres vainqueurs: j'ai cher-*

ché, dans les différens cercles où je me suis répandu pour effacer de mon cœur une image trop chère, celles qui réunissaient à la beauté touchante, les mœurs, la naissance & la jeunesse : un dégoût invincible est tout ce qu'elles m'ont inspiré : ..... Ah! madame! (des larmes coulèrent alors ;) *pourquoi vous ai-je vue? ou plutôt pourquoi .... Qu'ai-je donc fait pour être si malheureux*, dit-il en s'intérompant? *Je le vois dans vos regards irrités ; vous allez me bannir, me chasser pour jamais : madame, j'en mourrai*—.... J'avais eu le tems de me remettre, pendant qu'il parlait ; je pris un air tranquille, & je tâchai d'y joindre de la froideur : je lui dis qu'il n'était rien au monde qui pût engager une femme mariée à écouter des discours tels que ceux qu'il ôsait me tenir. —Ne devriez-vous pas rougir, monsieur, lui disais-je, d'avouer les sentimens que vous montrez? Le Marquis de T ··· est de votre âge ; il est votre compagnon, votre ami ; & vous sentez de l'amour pour sa mère ; pour une femme, que sa confiance en vous, & l'amitié qu'elle vous a témoignée, devraient vous faire regarder comme la vôtre? Il me siérait bien, de plaindre avec douceur l'ivresse d'un jeune étourdi, qu'un caprice déraisonnable occasionne? Ecoutez, monsieur, je veux bien ne vous pas demander comment il se fait que vous soyiez ici : mais sortez, & n'oubliez jamais, que ce que vous venez de me dire, met une barrière éternelle entre vous & moi—. Le Comte ſe releva; il était demi-mort; il s'éloigna en chancelant : j'ordonnai qu'on le reconduisît dans ma voiture.

Dès qu'il fut parti, j'appelai Lolote : je lui fis les reproches que méritait ſon infâme complaiſance, & je finis par lui défendre de paraître jamais devant moi. Cette miſérable voulut me demander pardon : je crus qu'une maitreſſe ne devait pas l'accorder pour ces ſortes de fautes ; & je fus inflexible. Je connaiſſais Juſtine (celle que vous venez de voir) depuis quelque tems ; j'eſtimais beaucoup Luce, dont elle eſt la ſœur ; je lui deſtinai la place que Lolote avait occupée auprès de moi : & chaque jour cette jeune-fille me prouve qu'un domeſtique fidèle, eſt l'un des préſens que l'honnête-homme doit demander au ciel.

Tandis que je feſais cet acte de juſtice, monſieur le Comte de T··· arriva : je l'inſtruiſis de tout ce qui venait de ſe paſſer. Il ne pouvait revenir de la ſurpriſe que mon récit lui cauſait. —Oh ! comme les mœurs ſont corrompues, s'écria-t-il ! ce jeune-homme que je croyais ſi vertueux ; que je comblais d'amitiés & de careſſes, il cherchait à ſéduire ma femme ! Ma chère âme, ajouta-t-il enſuite en ſouriant, vous voyez que ce n'eſt pas un grand mérite à moi de vous avoir toujours tendrement aimée ; pouvais-je faire autrement ? vous êtes si belle, sans parler de vos autres qualités, que vous faites tourner la tête à nos jeunes-gens. Ces complimens m'ont toujours flattée de la part de monsieur de T···; mais j'en connaissais la valeur. Mon époux me parla toute la soirée sur ce ton, de la passion que j'avais inspirée au jeune Comte de Saint-A··: il plaisantait, tandis que je ne pouvais me défendre du sombre que cette avanture répandait dans mes idées. Je dis à monsieur le Comte qu'il falait lui renvoyer ses présens. Il se chargea de cette commission, & me pria de m'en reposer entièrement sur lui.

Deux jours se passèrent, sans que j'entendisse parler de monsieur de Saint-A··. Mais le troisième, un vieillard, qui se soutenait à peine, me fit demander un moment d'entretien. Je le reçus dans l'appartement de mon époux. La plus vive douleur était peinte sur son visage, & des larmes, qu'il s'efforçait en vain de retenir, coulaient de ses yeux. —*Madame*, dit-il, *vous voyez le plus malheureux des pères, sur le point de perdre un fils unique, dont il ne reçut jamais que des sujets de satisfaction; l'amour & votre vertu le mettent au tombeau. Je me suis fait conduire ici; mais j'ignore ce que je viens vous demander. Dans toute autre circonstance, je me féliciterais que le bonheur de mon fils lui eût fait rencontrer une femme aussi respectable qu'elle est belle: mais il ſuccombe à ſon deſeſpoir, & toutes mes eſpérances vont s'évanouir .... C'eſt à vous, monſieur, que j'ai recours*, ajouta-t-il, en s'adreſſant à monſieur de T··· : *la foi que votre épouſe vous a jurée, eſt votre bien (non que je veuille faire vous entendre de l'engager à répondre à la folle ardeur de mon fils ; il faudrait que j'euſſe perdu le ſens) ; mais je vous conjure d'obtenir d'elle qu'elle lui rende une viſite, qu'elle lui ſauve la vie. Daignez ne pas voir le criminel égarement d'un jeune-homme ; ayez ſeulement pitié de ma vieilleſſe.* Monſieur de T··· ne répondit pas ſur-le-champ. Le vieillard, ancien Général, ſe jette à ſes pieds, il le preſſe ; ſes larmes redoublent. Mon époux attendri, releve le vieux guerrier, me regarde, & me prenant la main : —*Il faut accorder à Monſieur ce qu'il ſouhaite*, me dit-il : *s'il eſt des cas où l'on puiſſe s'écarter des règles ordinaires, celui-ci en eſt un ſans-doute. La perte de l'objet aimé n'affecte jamais auſſi vivement une ſeconde fois que la premiere ; le Comte, échappé du péril qui menace ſes jours, deviendra plus ſage, ou ſera moins ſenſible.*— Je ſentis de la répugnance à ſuivre les avis de mon époux. Cependant je me déterminai à lui obéir. Je ſuivis le Comte de P··· ; lui-même me conduiſit auprès du lit de ſon fils.

Je m'étais fait accompagner de pluſieurs domeſtiques ; & par une ſorte de preſſentiment, je leur avais ordonné de me suivre jusqu'à la porte de l'appartement où j'entrerais. Une vive rougeur monta au visage du jeune Comte en m'apercevant. Je lui trouvai une fièvre brûlante : il me pria de m'asseoir un moment ; & le Comte de P··· nous laissa. Sa retraite m'aurait inquietée ; mais j'entendais mes gens, & cela me rassurait. Monsieur de Saint-A·· me regardait sans parler, non point avec cet air timide & tendre que donne l'amour ; mais avec un trouble, avec une curieuse avidité. Je me serais repentie de cette démarche, si je l'eusse hasardée de moi-même, & non par les conseils de mon époux. Je me vis obligée de rompre le silence la première : je le fis d'une manière qui remplît le but qu'on s'était proposé. —Pourquoi cet abatement, mon cher Comte, dis-je au malade ? Quelle opinion voudriez-vous qu'on eût dans le monde de la solidité de votre esprit, si l'on venait à savoir qu'une femme mariée depuis vingt-ans vous inspire une passion déraisonnable, & si violente, qu'elle intéresse votre santé ? Laissons à part ce qui ne regarde que moi : supposons un moment, que je ne doive rien à un époux chéri, ma première & mon unique passion ; que, perdant toute pudeur, j'aide à corrompre les mœurs d'un jeune-homme aimable & vertueux, en favorisant un goût passager & coupable : si je l'eusse satisfait, ce goût, que fut-il arrivé ? Vous eussiez rougi dès

dès le lendemain de votre folle passion. Car il ne faut pas vous dissimuler à vous-même, mon cher fils, que celle que vous croyez aimer, & que vous voulez seulement rendre méprisable, n'est plus dans l'âge des grâces; quelques restes, quelques débris, c'est tout ce qu'elle a : oublions, dis-je, tout cela pour un moment ; ne songeons qu'à vous ; à vous, qui n'êtes pas encore à la fleur de votre printemps : de quel ridicule ne vous seriez-vous pas couvert aux yeux de ce monde corrompu, qui applaudit le vice ; mais qui veut qu'on le lui montre sous une forme aimable, riante, paré des fleurs de la jeunesse & de la beauté ? *Voyez le Comte de Saint-A..*, se fût-on dit, *qui s'épuise en beaux sentimens aux genoux d'une beauté surannée! la fine coquette l'a séduit, & l'imbécille se laisser aller ; que sait-on? Chacun a ses raisons, peut-être* . . . . Je n'achève pas. L'humiliant ridicule eût couvert vos plus beaux jours, & toute ma turpitude fût retombée sur vous. Mais, mon cher Comte, ce n'est pas tout encore : nous professons une Religion, que nous eussions outragée ; nous sommes citoyens d'un Etat dont les Loix doivent être sacrées pour nous; ah ! mon fils, est-on homme d'honneur, lorsqu'on se rit des Loix divines & humaines; de ces Loix saintes, que ceux même qui les violent reclament tous les jours ? . . . . Le jeune Comte m'interrompit. —Moi ! madame ! moi ! j'aurais cessé de vous adorer, si devenue sensible... — Si par une criminelle complaisance, repris-je, j'étais devenue assez vile à mes propres yeux, pour n'ôser les lever, sans rougir, sur mon époux & sur mon fils, vous m'auriez respectée ! Non, monsieur ; vous-même auriez été le premier à m'en punir par vos mépris : ce n'est pas seulement vous, & les hommes d'aujourd'hui qui sont faits de la sorte, qui foulent aux piéds l'idole qu'ils ont encensée ; il en fut de même dans tous les temps. Le plus ancien & le plus respectable des Livres rapporte que le jeune Amnon, fils de David, devint éperdûment amoureux de Thamar, sœur de mère d'Absalom, & que la flâme incestueuse fit tant de progrès dans ce cœur pusillanime, qu'Amnon tomba dans l'état fâcheux où je vous vois. Il n'avait aucune espérance de triompher de la vertu d'une jeune Princesse, que son état de fille obligeait à vivre fort retirée. Thamar était belle ; la passion de son frère augmentait par les difficultés : il trouva, comme vous, mon cher Comte, un de ces complaisans plus méprisables que celui qui se livre au crime : ce faux ami lui donna le pernicieux conseil de prier le Roi d'envoyer auprès de lui sa sœur Thamar; il l'obtint : l'innocente & belle Princesse fut conduite chez Amnon ; elle-même prépara le mêts qui était le plus au goût du malade : mais lorsqu'elle le lui présenta, il refusa d'en manger, si elle ne consentait à se mettre à ses côtés. Thamar accorda cette faveur à son frère. Ce fut alors qu'Amnon lui peignit son amour, & la sollicita vivement d'y répondre. Thamar ne fut point révoltée de la proposition de son frère, comme une sœur le ferait dans nos mœurs; elle lui répondit avec une douceur touchante: *Mon frère, n'usez pas de violence envers moi: ce que vous exigez n'est pas permis dans notre Nation: comment pourrais-je supporter la honte dont vous me couvririez? Et vous-même, ne seriez-vous pas regardé comme l'homme le plus méprisable? Mon frère, parlez au Roi; il ne refusera pas de nous unir.* Amnon n'écouta pas une remontrance aussi sage. Il employa la violence, & commit un crime qui fait horreur .... Observez, mon fils, que ces goûts effrénés, ces passions violentes & fougueuses qui portent le desordre dans l'imagination & dans le cœur, comme dans la santé, ne sont fondées que sur une illusion des sens: dès que cette dernière se dissipe, elles ne laissent que la honte & le dégoût. A peine il se fut satisfait, que le dédain insultant, & l'injuste haine succédèrent à ses transports: il dit à la malheureuse Thamar de s'éloigner de sa présence. Alors cette jeune Princesse, si cruellement offensée, lui répondit en pleurant: —*Le mal que vous faites à cette heure est beaucoup plus grand que votre crime*—. Une plainte si modérée augmenta la barbarie d'Amnon ; il fit ignominieusement chasser par son infame confident sa sœur & son amante, sans vouloir l'écouter davantage ; & l'on ferma la porte sur elle. Cette indignité ne demeura pas sans punition : Amnon paya quelque temps après de sa vie le deshonneur de Thamar ; & comme si cet énorme crime n'eût pu jamais être assez puni, il fut la première occasion de la révolte d'Absalom contre son père, & d'autres malheurs qu'on ne peut lire sans frémir (*).

Comte, si Henriette de V.., épouse d'un homme qui vous a témoigné de l'estime ; mère du Marquis de T..., avec lequel vous avez été élevé, était devenue votre complice, & qu'elle eût eu le malheur de vous écouter, vous ne la regarderiez plus qu'avec horreur ; le sort de Thamar seroit à présent le sien : que dis-je, le sort de Thamar ? il serait plus humiliant mille fois : cette Princesse n'était point coupable .... & son frère était un furieux .... au lieu que vous, monsieur, (je l'espère au moins), vous avez encore du goût pour la vertu : un moment d'ivresse eût répandu sur la longue carrière qui vous reste à parcourir, la honte & le remords.

Pendant ce discours, monsieur de Saint-

(*) Il n'est pas surprenant que la Comtesse cite cet exemples : les Livres sacrés renferment des instructions pour toutes les circonstances de la vie, & l'application en est naturelle dans la bouche d'une femme Chrétienne.

A·· avait tenu ſon viſage couvert de ſes mains. Lorſque j'eus ceſſé de parler, il me regarda : ſes yeux étaient pleins de feu. —*Eſt-ce là ce qu'on m'avait fait eſpérer*, s'écria-t-il ? *Il n'eſt plus de milieu, madame, il faut que je meure, ou que j'entrevoye un rayon d'eſpérance . . . . que votre bouche me jure.... oui, il faut me le jurer, ou-bien . . . . je ne vous réponds ni de moi*— . . . . Je m'effrayai ; je me levai ; il ôſa me retenir. Je voulus me débaraſſer ; tous mes efforts devinrent inutiles . . . . je fus contrainte d'appeler. Le Comte de P··· accourut. Sa préſence en impoſait à peine à ſon fils. L'air embaraſſé du Vieillard, ſa rougeur . . . . . J'en vis aſſez pour comprendre que ce n'avait pas été une vaine précaution de faire placer mes gens près de moi, & de leur défendre de quitter ce poſte. Mais ſi j'en euſſe douté, les maximes que débita le Vieillard, pour m'engager à montrer de l'indulgence ; la peinture de la paſſion du jeune Comte, qu'il s'efforçait de rendre intéreſſante, me firent voir qu'on peut être un Héros, & n'avoir que de très-mauvaiſes mœurs : il ôſa me dire, *qu'il avait regardé le goût de ſon fils comme ſi naturel, ſi propre à lui donner les vertus qui lui manquaient encore, qu'il avait fourni à tous les préſens que j'avais renvoyés.* Il ajouta même, *que je devais les reprendre, ne fût-ce que par pitié pour un Amant trop malheureux, que cette indulgence calmerait. . . .*

Je ne pus commander à mon indignation : je ne la témoignai cependant que par un regard, que je lançai fur le vieux de P···. J'allais m'éloigner auffitôt. Le jeune Comte me retenait encore ; mais ce fut pour me demander mille fois pardon de fa témérité : —*Vous allez me déteſter*, s'écriait-il, *me fuir pour toujours : ah ! reſtez, daignez reſter un moment ; je vous jure un reſpect éternel*—. Si vous aviez vu fon égarement, mefdames ! il m'épouvanta ! Son père fe joignait à lui ; il me fefait en balbutiant des excufes de ce qu'il nommait l'*indiſcrétion* de fon fils : mais il venait de fe démafquer ; je ne répondis qu'au jeune Comte. Je lui dis que je confentais à ce qu'il defirait, pourvu que deux de mes gens fuffent avec nous ; & je fus moi-même les faire entrer. J'ordonnai en même temps à un autre de fortir fans fe faire remarquer, pour aller dire à monfieur de T···, que je fouhaitais qu'il vînt me prendre. Avec ces précautions, j'attendis mon époux fans inquiétude, & je n'en fus que plus difpofée à rappeler, par un entretien fenfé, la raifon du Comte. Je me repréfentai mon fils ; je le voyais dans les mêmes circonftances, & je fis tout ce que j'aurais defiré qu'une femme honnête eût fait pour lui. Je conviendrai pourtant que fi cette idée donna beaucoup plus d'onction à mes difcours, elle les affaifonnait en-même-temps d'une douceur peut-être déplacée. Mais j'attendais mon mari.

Lorsqu'il arriva, le Comte de P··· fut le recevoir, & jugea à propos de l'instruire de l'entreprise de son fils, en lui cachant sans doute l'approbation qu'il y avait donnée. Sa présence bannit toutes mes craintes, & couvrit le jeune Comte de confusion. Je sortis pour quelques momens. Monsieur de T··· l'entretint durant cet intervalle, & sut lui peindre avec tant de douceur & de vérité le ridicule de sa passion, que ce jeune-homme fondait en larmes lorsque je rentrai. Il conjura mon époux de ne pas l'abandonner à lui-même : & nous regardames cette prière comme la preuve d'une résolution sincère de se vaincre.

Il se rétablit difficilement. Dès que monsieur de T··· le vit hors de danger, il changea de ton ; & lui rappelant jusqu'où son délire l'avait emporté, il lui fit de sanglans reproches. —*Eh ! que fût-il arrivé*, ajouta-t-il, *si vous aviez eu le malheur de rencontrer dans l'époux de celle que votre passion insultait, un homme de votre caractère, tandis que caché dans sa maison, vous cherchiez.... Imprudent ! vous corrompiez ses domestiques; vous avez suivi la route la plus sûre pour lui ôter le cœur de sa femme : s'il vous en fesait autant, comment le prendriez-vous*— ? Le jeune Comte de Saint-A·· embrassa l'homme qu'il avait outragé, & qui lui pardonnait, en le nommant son père : il le pria de le conduire, de le guider : depuis ce temps, il voit monſieur de T · · · , & ſe regle ſur ſes conſeils : mais il m'évite toujours. Puiſſe-t-il bientôt faire un ſi beau choix, que ſon cœur n'ait plus rien à redouter ni à attendre de l'amour!

Mes charmantes amies, les paſſions les plus vives, dès qu'elles ſont ſatisfaites, fuient comme l'onde, & ne laiſſent après elles que le deshonneur & les regrets. Notre réſiſtance eſt la digue : elle rend, à la vérité, plus violens les efforts des hommes; mais leur paſſion ſe conſume enfin d'elle-même, & l'eſtime que notre vertu leur inſpire pour nous, reſte toujours. Quelles que ſoient les couleurs dont les Amans parent le filet qu'ils nous tendent, évitons d'y tomber, en ne les écoutant jamais. Je viens de vous ouvrir mon cœur, ſans vous taire la moindre circonſtance : j'ajoûte une réflexion; Ç'aurait été la plus grande des imprudences, ſi je me fuſſe déterminée de moi-même à diſſuader le jeune Comte par le raiſonnement d'une paſſion qui trouble la raiſon : parler aux Amans, lors même qu'on les condanne, c'eſt augmenter leur ivreſſe; c'eſt d'une bouche adorée qu'ils entendent, non ce qu'on leur dit, mais des ſons toujours ſéduiſans pour eux ».

La Comteſſe de T · · · achevait ſon récit, lorſque le jeune Marquis & ſes amis reparurent. Il ſemblait qu'on les eût parfaitement oubliés; mais au fond de leurs cœurs, la ſéduisante Hélène & la constante Léonore s'en étaient sans-doute occupées. Madame de M··· joua la surprise ; elle leur demanda, en plaisantant, d'où ils sortaient ? Le Comte de J·· fit le fâché, tandis que le Marquis & le Vicomte demandaient pardon à leurs maitresses d'une absence qu'elles-mêmes avaient occasionnée, & dont ils avaient plus souffert qu'elles. Madame de J··vint les joindre, & leur dit que monsieur de V··, le Comte de T··· & sa mère, étaient enchantés les uns des autres : —Ils veulent dès demain, ajouta-t-elle, aller rendre visite à mon père, & devenir des inséparables. J'en suis ravie : ils se ressemblent ; pour s'aimer, il ne leur manquait que de se connaître—. Madame de M··· fit entendre à la Comtesse de T···, combien ce que sa sœur venait de dire lui causait de satisfaction.

On se mettait à table, quand on annonça monsieur de Saint-A··. Le Marquis crut obliger sa mère, en lui montrant beaucoup d'amitié ; il courut au-devant du jeune Comte, & sans faire attention qu'il ne demandait qu'à dire un mot à monsieur de T···, il l'entraîna dans la salle où l'on était rassemblé. La Comtesse de T··· fut extrêmement surprise de le voir. Son fils la pria de le retenir, & lui-même le pressait si vivement de rester, que le Comte ne put s'en défendre. Le récit de madame de T··· l'avait rendu un objet intéressant pour tout le monde, à l'exception de la jeune Suzette, qui avait dit du ton de l'ingénuité, qu'elle ne voudrait pas être aimée si fort. Mais les autres Dames furent charmées que le hazard leur procurât l'occasion de le connaitre. Comme chacun était déja placé selon son cœur, monsieur de Saint-A·· se trouva naturellement auprès de Suzette. Madame de T··· se félicita bientôt de cet arrangement ; l'attention que le Comte donnait à la plus jeune des filles du Baron d'E···, lui parut d'un bon augure; elle s'en promit la fin de son inquiétude.

La societé qui s'était rassemblée chez elle était charmante & bien assortie; le souper fut délicieux : mais la joie y régnait avec décence, la conversation était animée sans propos libres, amusante sans qu'on médit de personne; une partie des femmes ne se connaissaient que depuis quelques heures, & leur confiance était entière, aisée, affectueuse, comme si elles eussent été liées depuis longtemps. Madame de T···, sur-tout, & madame de M··· trouvèrent que cette agréable soirée s'écoulait trop rapidement : la Comtesse de T··· la prolongea beaucoup plus tard que de coutume, sans peut-être s'en apercevoir. Enfin il falut se quitter : les deux nouvelles amies éprouvèrent une peine inconnue, qu'elles s'efforçaient d'adoucir, en se répétant mille fois la promesse d'un attachement éternel.

L'amitié n'est pas une passion resserrée comme l'amour; elle s'étend, ainsi que le feu, ſans s'affaiblir ; elle eſt excitée par le mérite & la vertu : au lieu que l'amour], particulier preſqu'égoïſte, dirigé par les ſens vers un ſeul objet, veut occuper le cœur tout-entier ; il énerve quelquefois juſqu'à la tendreſſe du ſang. Mais le nouveau goût de madame de T··· ne la rendait pas moins ſenſible pour Hélène : elle ſuivait avec une ſatisfaction que les perſonnes ſenſibles peuvent ſeules apprécier, les progrès d'un vertueux amour. Ces obſervations, ſi dignes d'une mère-de-famille, qui ne veut plus être heureuſe que dans ſes enfans, la conduiſirent à connaître les avantages & les inconvéniens de l'éducation. Depuis qu'elle était dans la Capitale, elle avait vu comme on y traitait l'amour, comme on le profanait, comme on changeait en vice, par un abus qui tient du ſacrilége, le premier des dons de la nature : elle vit combien les dévots & les gens-du-monde le dépréciaient faute d'en connaître la ſource & les effets : elle ne regarda les premiers que comme des fous, dont les principes étaient contradictoires : les ſeconds comme des prodigues, qui dépenſaient leurs fonds ſans en jouir ; qui avaient toujours à la bouche le mot de jouiſſance, de plaiſir, & qui feſaient tout pour en anéantir le ſentiment. Les principes que le Comte avait ſemés dans l'âme de leur fils ne reſſemblaient ni à ceux des dévots, ni à ceux des mondains : les saisons orageuses les avaient empêché d'éclore ; le calme, la douce chaleur d'un amour honnête, les fesaient germer enfin dans son cœur : mais l'amour eût aussi bien développé le germe du vice, si la première éducation avait été mauvaise. La Comtesse de T··· étayait encore la chaste tendresse de ses enfans, comme une plante tendre & fragile, que *Borée* ou l'humide *Auster* pouvaient endommager : elle n'abandonnait pas Hélène un moment, ou du moins elle voulait savoir tout ce qui s'était passé durant ses courtes absences : ainsi dès le premier moment de liberté, elle se fit rendre compte de la conversation que j'ai rapportée. Il suffisait de parler du Marquis à la jeune Hélène ; dès que la Comtesse l'eût nommé, la tendre Amante ne chercha qu'à répandre son cœur dans celui de sa seconde mère ; elle remplit même ses vues au-delà de ses espérances. — Charmante maman, lui dit cette fille naïve, je ne vis réellement que depuis que je suis aimée : oh ! que j'aurais été malheureuse, si mon cœur, comme celui du Comte de Saint-A··, se fût attaché à quelqu'objet que je n'eusse pas dû chérir, & qui n'eût pu m'aimer sans crime ! Si vous saviez quels momens j'ai passés ! comme mon cousin est tendre ! comme il m'aime ! . . . Tantôt, lorsqu'il était à mes genoux, qu'il me peignait sa tendresse . . . . lorsqu'il m'a pressée contre son cœur, un sentiment délicieux enivrait mon âme ; je n'étais plus à moi-même, j'étais toute à l'amour—. Elle rendit à sa Tante leur entretien ; elle ne lui cacha pas les faveurs qu'elle avait accordées ; faveurs précieuses, que sa vertu ne pouvait desavouer. Madame de T··· sait tout, mais la confiance de sa nièce la comble de joie : elle la caresse en lui donnant les éloges qu'elle méritait si bien : —*Mon aimable fille*, lui dit-elle, *ton âme est pure comme l'eau qui sort des fentes du rocher ; nette comme la glasse qui réfléchit tes attraits.... Mais les hommes, ces êtres séduisans que tu ne connais pas encore, sont vains, trompeurs ; & mon fils, chère Hélène, peut leur ressembler. Le croirais-tu ? (telle est pourtant la perversité des mœurs !) il faut te refuser aux tendres mouvemens de ton cœur, ne pas laisser lire à ton cousin tout le plaisir que te fait son hommage : je ne t'impose pas la nécessité d'affecter de l'indifférence ; mais pour faire craître l'amour & t'assurer pour toujours le cœur de ton amant, il faut lui dissimuler ses progrès. J'ajoute (& ceci pourra t'étonner) qu'il faudra suivre à-peu-près la même route avec l'epoux : que vos cœurs ne s'épuisent pas d'abord en tendres sentimens ; que l'époux, ainsi que l'amant, devine plutôt son bonheur, qu'il n'en reçoive une assurance trop complette : ma fille, il faut ménager les ressorts de l'âme, comme les forces du corps. Mais ceci n'eſt pas à-préſent aſſez clair pour toi, ma charmante amie: lorſqu'un lien indiſſoluble ſera ſur-le-point de t'unir à mon fils, je m'expliquerai davantage*—. C'eſt ainſi qu'Henriette donnait des leçons, qu'au fond de ſon cœur elle-même trouvait ſévères. Mais elle ſavait que la jeuneſſe & l'amour relâchent toujours aſſez les entraves dont la prudence d'un conducteur éclairé enchaîne les deſirs.

Le lendemain, quand le Marquis revint auprès de ſa Couſine, la réſerve modeſte prit la place de cette confiance ſans bornes qu'elle montrait la veille ; Hélène ne voulut pas ſouffrir qu'il ſe mît à ſes genoux. Il craignit de n'être plus aimé, & ſes regards timides exprimèrent ſon inquiétude : mais Hélène était trop tendre ; elle ne put voir ſa peine ſans en être touchée, & fit un aveu dont l'innocence de ſon âme était l'excuſe ; elle dit au Marquis, qu'elle avait conſulté leur mère, & lui répéta le diſcours de la Comteſſe : ſon jeune Amant ſourit : il vit qu'il poſſédait dans le cœur d'Hélène, un tréſor inappréciable de franchiſe & de candeur. —Oh ! qu'il ſerait mépriſable, s'écria-t-il, celui qui ne conſerverait pas ce ſaint reſpect que vous méritez, ma belle couſine ! . . . Hélène ! vous m'aimez ! vous daignez me le dire ! Eh bien ! laiſſez-moi toujours cette heureuſe aſſurance, &, s'il le falait pour vous tranquilliſer, accablez-moi de vos rigueurs—. Il ſe tut ;

& levant les yeux ſur Hélène, il la vit prête à dépoſer la dignité, pour ne ſuivre que ſon cœur & l'amour. Madame de T··· entra. Cette mère prudente les obſervait. Elle avait pour principe, qu'on ne doit pas trop s'en repoſer ſur l'éducation qu'on a donnée à ſes enfans, & qu'elle ne diſpenſe jamais de veiller ſur eux. —Abandonnez une fille telle qu'Hélène au milieu du grand monde, diſait-elle un jour ; ſes principes la ſoutiendront; malgré que tout y ſoit artifice, on n'a pas l'art d'y maſquer le vice aſſez heureuſement, pour lui donner tous les traits de la vertu : mais un cœur honnête comme le ſien, ſerait expoſé auprès d'un amant avoué de ſes parens, qui ne ſe préſenterait à elle qu'avec des prétentions légitimes—. Le jeune Marquis vole au-devant de ſa mère ; il ſe plaint en l'embraſſant, qu'elle le traite en ennemi. —Non, mon fils, lui dit madame de T···, mais je traite Hélène en fille chérie. *Vous autres hommes, vous êtes pour la plupart des ingrats, que la jeuneſſe, la beauté, la vertu même n'enchaînent pas long-temps ; que la fidélité, la conſtance la plus rare, & l'amour raſſaſient, & ne fixent pas : les plus douces faveurs n'ont ſouvent de prix à vos yeux qu'une fois ; il faut malgré nous vous les faire acheter, lors même que nous vous les accordons par devoir. Le caractère des épouſes eſt bien différent du vôtre : aimez, ſoyez conſtans, tous vos devoirs ſont remplis; vous pouvez ne ſonger qu'à vous. Mais une femme tendre & fidelle n'a fourni que la moitié de ſa tâche; elle doit plaire, charmer, ſe faire ardemment deſirer, & ſonger uniquement au bonheur de l'homme que les loix lui remettent en dépôt; c'eſt de-là que le ſien dépend tout-entier. Oui, mon fils; c'eſt moins la cauſe des femmes que je ſoutiens ici, que la vôtre; quand une fois nous avons donné le jour à un fils, nous changeons de ſexe, & ne ſongeons plus qu'aux prérogatives que la qualité d'homme acquiert à ce mortel aimé qui nous donne le nom de mère. Laiſſez-moi ſuggérer à votre épouſe les moyens de vous rendre heureux... Hélène, mon aimable fille, la franchiſe & la candeur ne ſuffiſent pas ſeules. Il eſt un art néceſſaire. Je le dis devant ton amant: ſi toujours adorant leurs caprices, de trop tendres épouſes volent au-devant des deſirs de leurs maris, la ſatiété leur rend bientôt nos ſoins indifférens. Il faut leur donner le temps de deſirer: que notre vue, notre entretien ſoient des faveurs: mais, ma fille, pour qu'un époux les trouve telles, il faut déployer tous les charmes que la nature a mis en nous, les agrémens de l'eſprit, la douceur du caractère, la tendreſſe du cœur, nos talens mêmes, & les grâces d'une parure ſéyante: que tout cela réuni, leur faſſe ſentir en nous quittant, que par-tout ailleurs ils ſont plus mal qu'auprès de nous, & les force de se dire, Elle est la plus aimable des femmes, la plus méritante, la plus gaie, la plus adroite; son goût est le plus exquis; sa personne la plus appétissante: il n'est point de femme dont j'aimasse mieux être le mari que de la mienne. Nous avons le cœur mieux fait que les hommes; nous souffrirons, en les privant quelquefois de notre vue; pour eux, quand ils nous accableraient de leur présence, nous ne les en aimerions que davantage: mais ces êtres légers, qui se nomment le sexe-fort, ont besoin de ménagemens; il faut continuer d'être leur maitresse en devenant leur femme, & faire notre bonheur de leur plaisir. Voila, chère Hélène, le seul art qui nous soit permis. Il faut bien prendre garde de se donner le ridicule de les gouverner autrement que par l'amour & le pouvoir que nous donnent les attraits de notre sexe. Malheur sur la femme impérieuse & hautaine qui sacrifie la douceur d'être aimée à la passion de commander! qui ne voit qu'un objet méprisable dans celui que son devoir lui ordonne de respecter! C'est un vil esclave qui partage son lit: comment peut-elle épancher son âme dans son sein? L'insensée se prive elle-même des secours de celui qui devait adoucir ses peines: il faut qu'elle dévore ses chagrins; car un esclave ne partage pas ceux d'un maître injuste. Mais qu'elle tremble: ce pouvoir qu'elle usurpe n'est rien moins qu'assuré: ordinairement ces espèces de femmes sont de petites furies, auxquelles un mari passe leurs fantaisies déraisonnables, par amour de la paix; elles ne savent pas s'arrêter où la complaisance peut avoir des bornes; & tôt ou tard, il vient un temps où la honte s'étant emparée du cœur d'un époux, il leur fait éprouver un revers fâcheux : on voit éclore le scandaleux divorce, les séparations deshonorantes. Mes chèrs enfans, les unions qui paraissaient d'abord les mieux assorties, n'ont pas toujours été à l'abri de ces malheurs. L'amour le plus tendre, poussé trop loin, a quelquefois tourné la tête à plus d'une femme, leur a fait concevoir l'orgueil de l'Ange rebelle, & trouver comme lui leur punition dans une chute honteuse. Ce n'est point-là sans-doute le sort qui vous attend, je le sais; le caractère d'Hélène m'en répond .... & le vôtre aussi, mon fils,* ajouta-t-elle en voyant le Marquis baisser les yeux : *mais ....*

Cette conversation fut intérompue par le Comte de Saint-A **. Sa visite fit plaisir à madame de T ***, qui formait un projet pour son bonheur. Elle le prit en particulier, & l'entretint quelque temps avec un ton de bonté qui le toucha vivement. Lorsqu'elle eut cessé de parler, le Comte lui dit : —C'est donc le choix que vous avez fait pour moi, madame? Eh-bien, cette jeune-personne me devient infiniment chère, & je ferai tout pour la mériter. Ordonnez, madame : vous eutes un jour la bonté de me dire, que je devais vous regarder comme une mère ; je vous le rappelle aujourd'hui ; daignez donc m'en servir, & monsieur le Marquis de T··· ne sera ni plus respectueux, ni plus tendre envers vous. Oui, madame, je le jure, je n'adore plus en vous que votre vertu .... Les sages conseils que vous m'avez donnés ; la peinture que monsieur le Comte m'a faite de la beauté de votre âme ; ce que le Marquis m'a dit de votre amour pour Hélène & pour lui, m'ont inspiré des sentimens que la vertueuse Comtesse de T··· ne desaprouvera plus. J'aimerai, madame, j'adorerai celle que vous m'avez destinée : ma tendresse, ma constance pour mademoiselle d'E···, fût-elle insensible, vous feront connaître quel prix je mets aux présens qui viennent de vous, & de quelle nature est aujourd'hui mon attachement ... Ah ! madame, vous me l'aviez bien dit .... le plaisir d'être aimé comme je le souhaitais, ne vaut pas celui que j'éprouve maintenant, de vous obéir, & d'être estimé de vous — ! Madame de T ··· fut enchantée des dispositions que montrait le jeune Comte ; elle comprit que si les caractères ardens étaient les plus vicieux, ils sont aussi plus faciles à ramener vers le bien, que ces êtres pesans & froids qui vont au mal à pas de tortue, mais qui n'en reviennent jamais : cette observation regardait également le Marquis. Elle se promit d'intéresser Madame de M··· & le Vicomte de Th·· en faveur de monsieur de Saint-A··· En le ramenant auprès du Marquis, elle leur recommanda de s'aimer.

Le Comte de T···, monsieur de V·· & le Maréchal entrèrent en même-temps chez la Comtesse ; ils se souvenaient d'avoir promis de rendre visite au Baron d'E··· & au Chevalier de M···, qui n'avait pas accompagné son épouse, parce qu'il était retenu auprès de son frère aîné. Le Marquis de M··· avait été fort mal la veille ; mais pour-lors, à ce que leur apprirent le Vicomte de Th·· & monsieur de J··, qui suivaient le Maréchal, on lui trouvait du mieux. Cette circonstance les engagea tous à ne pas remettre à un autre jour. Ainsi, monsieur de T··· avertit son épouse, Hélène & le Marquis, de se préparer à sortir dans l'après-dinée.

Fin de la seconde Partie.

Fautes à corriger.

Page 32, *ligne* 9, semblait lui reprocher; *lisez*, lui reprochait.
34, *ligne* 16, zèle le pur; *lisez*, zèle le plus pur.
43, *ligne* 23, du Comte de J··; *lis.* de la Comtesse de J··.
48, *ligne* 19, chaix; *lisez*, choix.
55, *ligne* 5, communiqué; *lisez*, fait part.
81, *ligne dernière*, *ajoutez* être.
98, *ligne* 2, *ôtez* encore.
109, *ligne* 21, *ajoutez* sa.
110, *ligne* 4, tandis que; *lisez*, lorsque.
122, *ligne presqu'avantdernière*, pour ne finir jamais: mais; *lisez*, pour ne jamais finir: mais.

www.ingramcontent.com/pod-product-compliance
Ingram Content Group UK Ltd.
Pitfield, Milton Keynes, MK11 3LW, UK
UKHW020302180726
13839UKWH00001B/356